本书撰写人员名单

主　　编：高瑞琴

副 主 编：王　振

撰写人员：高瑞琴　宗成峰　高雪莲　梁振华　王　振
　　　　　徐　燕　姜若谦　李阳阳　李　傲　窦　爽
　　　　　李博闻　马俊杰　陈　诺　李伟嘉　侯　诺
　　　　　张慧泽　张　婷

新时代中国县域脱贫攻坚案例 研究丛书

魏县

未雨绸缪防贫路径

全国扶贫宣传教育中心／组织编写

人民出版社

目 录
CONTENTS

第一章

脱贫攻坚的多元机制及经验探索

　　魏县位于河北省南部，地处冀鲁豫三省交界，全县 864 平方公里，下辖 22 个乡镇（街道）、561 个村（居），人口 106 万，是河北省第一人口大县，也是联合国地名专家组评定的"千年古县"；是中国鸭梨之乡、全国绿化模范县、国家农村劳动力开发就业试点县，也曾是国家级扶贫开发重点县。魏县近年来的发展史，就是一部扶贫开发史。魏县历届县委、县政府高度重视扶贫开发工作，党的十八大以来，特别是党的十九大以来，坚持以习近平新时代中国特色社会主义思想为指引，以脱贫攻坚统揽全县经济社会发展全局，把脱贫攻坚作为最大政治任务和民生工程，放在心上、抓在手上、扛在肩上，把握精准要义，下足"绣花"功夫，凝聚各方力量，打了一场以人民群众为主体的脱贫攻坚战。魏县广大干部群众众志成城、凝心聚力，在脱贫攻坚各条战线上不辞辛劳，积极探索，大胆创新，率先建设扶贫微工厂，稳步推行精准防贫机制，先后得到国家、省、市领导的充分肯定，魏县扶贫模式在全国得以推广。魏县党员干部更是肩挑脱贫重担，充分发挥先锋模范作用，带领一批又一批贫困户脱贫致富。2018年 9 月 29 日，魏县正式退出贫困县序列。2019 年 10 月，魏县荣获全国脱贫攻坚奖组织创新奖。

一、魏县：梨乡水城的县域特色

（一）魏县的历史源流

魏县历史悠久，文化底蕴深厚。战国时期属魏国，魏文侯曾在此建都，开创了魏国百年霸业，魏县一名由此沿袭至今。2009年，魏县被联合国地名专家组中国分部认定为"千年古县"。古往今来，魏县域内英贤辈出，先后涌现出西汉位列三公的司隶校尉盖宽饶、盛唐屡建奇功的郯国公张公谨、宋朝开国名将潘美、清朝考古和辨伪专家崔述、上甘岭战役打出国威的崔建功、世界克隆牛之父杨向中等一大批优秀人物。在绵延的历史长河中，魏县形成了独具特色的魏文化、梨文化等地域文化，至今县内仍传颂着"梨花仙子嫁杜郎""神龟驮城""天龙下凡"等民间传说。

（二）当代文化传承

历史上，战国七雄之一、魏国的开国王侯魏文侯率先改革变法，招贤纳士，筑礼贤台三拜段干木为师，重用李悝、翟璜、乐羊、吴起、西门豹等贤才良将，富国强兵，开创了魏国百年霸业。礼贤台原址就在今魏县，是魏文侯以来当地尊师重教、礼贤敬贤文化的标志，与徐州挂剑台、临漳曹魏铜雀台三台齐名。2008年，魏县县委、县政府乘着河北省加快城镇化发展的东风，规划建设以"66226"路网工程和"五河一湾、五湖一源、36景观桥"生态水网工程为主体的"梨乡水城"，成立魏文化研究会，挖掘魏文化，重筑礼贤台，建设日晷公园、孔融让梨广场等十大公园，开挖改造墨池湖等百里河湖水系，弘扬魏文侯选贤任能、改革创新精神，挖掘提升"梨乡水城·魏都"文化内涵和精神凝聚力，使墨池、礼贤台等一批生态文化建筑不仅成为梨乡水城的标志景观和文化建筑，更成为激发梨乡人民和观光游客积极投身改革开放事业、建设美丽家乡的精神文化动力。

（三）品牌产业资源

魏县的鸭梨远近闻名，近年来逐渐发展成为品牌性的产业资源。关于魏县的鸭梨，当地一直流传着一个美丽的传说——梨花仙子嫁杜郎。相传上古时代，玉帝派娇儿天龙下凡体察民情，遇到勤劳善良、闻名乡里的孝子杜郎。一天，杜郎路遇一古稀老人病倒路旁，急忙上前询问，并把老人背回家中，煎药照顾，老人顺利康复。老人十分欢喜，告别杜郎时问其有何心愿。杜郎说求得良方医治好母亲双目，是自己最大的心愿。老人随即为其开了一剂药方，并交代说：药好抓，但药引子难求。杜郎一听能治母亲眼病，急忙说，不管什么药引子也要找到。老人说，药引子就是人肉。杜郎说，这好办，为了母亲重见天日，从身上割下一块肉何难？在杜郎的精心照料下，经过医治，母亲的双眼真的重见光明。传说，这位老人就是天龙的化身。后来，天龙回到天庭讲述人间见闻。妹妹天女被杜郎人品所打动，产生爱慕之情，求哥哥相助到人间一看。天龙被妹妹的痴情所动，破例到百果园为天女摘了一束梨枝，送天女下凡。天女下凡后，与杜郎结为夫妇，并把梨枝嫁接到了杜梨树上。经过精心培植，代代相传，成了今天的鸭梨。而今，魏县作为中国鸭梨之乡、全国绿化模范县，全县林木覆盖率达24.8%，县城周边原生态梨园20万亩，成百上千年的古梨树成方连片，成为魏县重要的产业资源。

（四）文旅资源

近年来，魏县依托河北省城镇面貌三年大变样和"引黄入冀"工程建设契机，环县城开挖了漳河湾、长安河、玉泉河、天河、魏元河等水系工程，初步形成了"五河一湾、五湖一源、36景观桥"河渠纵横、湖泊棋布的生态景观，梨乡水城·魏都"碧水绕龙城，城在梨园中"声名远播。魏县拥有的"水、梨、魏"三大特色基础性观光旅游资源，是推进魏县文旅发展的雄厚基础。根据与河北省科学院地理科学研究所、河北省旅游规划设计研究院共同制定的《魏县主城区旅游开发总体规划》，魏县正瞄准国内外旅游市场发展方向，规划开发一批更高层次、多元化、个性化的"梨乡水城·休闲魏都"旅游产品。在百里河湖周边精心打造礼贤荷风、宋园香雪、神龟驮城、魏风古韵、古漳唱晚、玉泉晨曦、益民秀山、日暑观天等"魏州八景"。

二、因何而困：魏县生计特点及贫困成因

贫困是一个复杂的概念范畴，随着时间的推进，贫困的内涵也不断扩展。它既指经济维度上的"相对较少的收入""生活必需品的缺乏"，也指"人们在寿命、健康、居住、知识、参与、个人安全和环境等方面的基本条件得不到满足，而限制了人们的选择"①。贫困的成因也复杂多样，贫困是生态环境、社会环境、个人因素共同作用的结果。找准导致贫困的主要原因，采取有针对性的脱贫举措，对于推

---

① 联合国开发计划署《1997年人类发展报告》提出的"人文贫困"的概念。

进深度贫困地区脱贫攻坚有重大意义。

魏县经济以农业为主，产业化发展日趋完善。常年粮食复种面积125万亩，总产量62万吨，粮食种植以玉米、小麦为主，经济作物以鸭梨、棉花、食用菌为主，全县鸭梨种植面积20余万亩，总产量35万吨。魏县的乡镇因地制宜地选择了高产、稳产的品种，在鸭梨种植方面，建成美康饮品有限公司，产品浓缩果汁远销俄罗斯、韩国、东南亚等国家和地区，年加工能力达到3万吨。为了推动鸭梨产业进一步发展，全县建成了105座冷库，年储藏能力达5万吨。鸭梨产业的快速发展，带动了造纸、运输、饮食等相关产业的发展。在蔬菜生产方面，采取了出口菜、设施菜与常规菜相结合的模式，建有高效蔬菜生产基地10万亩，建成蔬菜果品批发市场1个，组建了龙腾速冻果菜集团公司，年出口能力1.8万吨，其产品销往俄罗斯、阿塞拜疆、阿联酋等国。在养殖方面，魏县建成了大磨乡养殖小区，万头猪厂、良种猪繁育中心、屠宰加工厂等一大批养殖龙头企业，形成了猪、鸡、羊常规品种为主，规模养殖与分散养殖相结合的畜牧生产格局。鸭梨、蔬菜、养殖三大产业，1998年产值分别达5亿元、1.2亿元、2亿元，已经成为魏县农村经济的三大支柱产业。

然而，由于地理环境、历史积困以及自然灾害等多重因素的交叠影响，在脱贫攻坚实施和完成之前，魏县多个村镇仍处于贫困之中。2018年，全县共有建档立卡重点村143个，建档立卡对象20356户75178人。纵观魏县的贫困成因可以发现，魏县的贫困是多重因素交织的结果。

（一）产缘贫困：魏县农村生计特点

造成魏县贫困的原因很多，其中产业和人口的原因占比较大，此外还有多种因素纵横交织，共同造成了魏县的贫困结果。具体表现在以下几个方面：

一是自然条件差。魏县地处黑龙港流域，全县 92 万亩耕地有 34.3 万亩位于苦水区，是黄淮海平原盐渍危害较为严重的地区之一。由于治理任务较重，长期以来，位于苦水区的耕地得不到有效灌溉、群众吃水困难，给全县农业生产和农民生活增加了成本、带来了不便，造成农民收入不稳定。

二是农村基础设施欠账多。2015 年底，魏县总人口 104 万人，但县财政收入仅有 7.1 亿元，县大、人多、财政穷，自身投入能力不足，即使不断争取上级项目，但由于县财政不能足额配套项目资金，造成一些争取到的道路交通工程无法实施，在交通方面存在"断头路""卡脖路"，成为一些村庄摆脱贫困的最大制约。此外，由于没有抓住 20 世纪 90 年代末国家电网改造的机遇，造成魏县电网相比邯郸市其他县区落后十几年甚至更长时间，安全隐患问题较为突出，群众生产生活用电无法满足，对农村经济发展也形成了制约。

三是产业发展"短板"问题突出。20 世纪 80 年代迎来了改革开放，魏县也涌现了一批集体企业和民营企业，但后来由于不适应市场竞争等原因，逐渐停产倒闭，长期存在的工业短板一直没有补上，缺乏产业支撑。近年来，魏县通过大力实施"工业立县、人才兴魏"战略，加快建设魏县省级经济开发区，虽然引进了一大批项目，但是这些项目大多处于建设阶段，对县域经济的拉动和支撑作用还没有完全显现。此外，魏县虽然是传统的农业大县，但却不是农业强县，人均耕地少，农业产业化龙头企业少，农业现代化步伐缓慢，产业层次较低，产业链条短，大部分农产品没有实现就地加工升值。

四是因病致贫、因病返贫现象十分突出。大部分农民受教育水平所限，农闲时节外出务工，只能从事体力型工种，收入偏低。农民群众一旦生了大病，家庭很快陷入贫困状态，因病致贫、因病返贫的人口数量一度占到了全县贫困人口的 60% 以上，比全国高 18 个百分点。

五是人才缺乏。魏县常年在校学生 10 万余人，其中高中在校生 7000 余人，每年考入大学的有 2000 余人，但这些学生大学毕业后，能够回到魏县就业的不足 500 人。同时，由于工资待遇低，长期以来外地的优秀人才引不来、留不住，人才缺乏问题也成为影响魏县脱贫的重要因素。

（二）地缘贫困：魏县贫困村的地理分布

魏县人多地少，是一个农业大县、人口大县。魏县贫困村分布在全县 22 个乡镇（街道）。综合各个乡镇的扶贫开发重点村情况，魏县农村主要生计来源是农业和外出务工，种植业以传统的小麦、玉米等粮食作物为主，无煤、铁等工业厂矿企业，同时依靠扶贫微工厂、土地流转、多种形式种植、养殖等产业项目生存，村民经济收入结构比较单一。魏县脱贫出列前，漳河内 12 个易地扶贫搬迁村抗御自然灾害的能力非常低。由于缺乏资金，基础设施建设缓慢，加之村集体没有收入，整体发展缓慢。当自然灾害发生时，受到的损失大；遇到天灾人祸时，已经解决温饱的贫困户又容易致贫返贫。近年来，随着魏县劳务输出发展，多数村中青壮年男性外出务工，务工收入逐渐成为村民经济收入的主要组成部分。

（三）个体因素：魏县贫困户致贫原因

魏县属环首都贫困带地区，人口基数大，群众增收渠道单一，是传统农业种植大县，也是国家扶贫开发工作重点县。早在 2014 年，魏县建档立卡贫困户已达 20269 户，贫困人口 74914 人，贫困人口基数居全省、全国前列。贫困人口致贫原因主要分为缺技术、缺劳力、缺资金、因病、因残、因学、因灾以及自身发展动力不足八个方面（见表 1-1），需要针对各户不同的致贫原因，因户因人分类施策。

表1-1 魏县各致贫原因下贫困人口数及占比

致贫原因	贫困人口（人）	占总贫困人口比例
缺技术	33540	44.77%
缺劳力	5772	7.70%
缺资金	2867	3.83%
因　病	21948	29.30%
因　残	5403	7.21%
因　学	1312	1.75%
因　灾	122	0.16%
自身发展动力不足	3950	5.27%

资料来源：魏县扶贫办，2019年7月访谈。

三、立下愚公志，下足绣花功：扶贫机制建设

（一）提问式脱贫：魏县脱贫攻坚治理机制

为了摸清贫困人口底数，从而为精准识别奠定坚实基础，魏县坚持"规定动作不走样、自选动作有创新"，先后两次在全县开展大规模的精准识别"回头看"暨入户大走访活动，逐村逐户摸清贫困人口底数。为切实做到公平、公正，魏县创新实施了以"实行县、乡、村三级公告（公示）""采取绿、红、蓝三色管理""开通县委书记、县长、纪委书记三部热线"为主要内容的"三个三"工作机制，严格评选程序，接受群众监督，晒出了公平，亮出了底气，得到群众的广泛认可。在此过程中，政府与贫困群众之间形成紧密的联系，扶贫工作人员站在贫困户的角度，采取"自角度"提问的方式，切身感受贫困户的需求，形成良性互动，以此发现脱贫工作中的问题，"发现一起，立时解决"，从而建构了一套"提问式"扶贫机制。

以产业扶贫为例，政府立足于魏县实际和地域特色，在走访贫困群众、收集大量"提问"的基础上，有针对性地提出符合魏县特点的创新、高效、协作、共赢的发展理念，通过政策资金支持，完善利益联结机制，在深化劳务扶贫、股份合作、金融扶贫、光伏扶贫等扶贫模式的基础上，创新实施了扶贫产业园区和扶贫微工厂两大载体，成功打造了"产业发展"与"就业保障"双项引擎，全面提升了全县扶贫产业发展的质量与效益。以工代赈、生产奖补、劳务补助，有效增强了贫困群众的"造血"功能及自我发展能力。特别是在密植梨产业扶贫园区发展上，重点采用了"公司+村级组织+专业合作社+建档立卡户"模式，通过实施"规模化种养、统一化经营、保底式收购"，并依据不同需要，采取"自营"与"托管"两种形式，在鼓励有劳力农户参与生产的同时，也有效保障了无劳力对象扶贫产业份额，真正实现了贫困群众"零风险"生产、"零成本"增收、"零顾虑"脱贫。这些扶贫策略的制定和扶贫方向的摸索，都是在政府与贫困群众定期而频繁的"问与答""实施与反馈""执行与回头看"的漫长过程中逐渐形成的，最终成为一套独特的治理机制。

（二）守住脱贫成果：建立稳定脱贫长效机制

打赢脱贫攻坚战，一方面要帮助贫困户增加收入，脱贫摘帽，减少"存量"；另一方面要积极采取措施，防止返贫、致贫发生，遏制"增量"。魏县积极探索和创新精准防贫机制，在全国首次尝试创建"精准扶贫保险"，将低收入非贫困户、非高标准脱贫户纳入保障范围，从源头筑起了防止贫困反复发生的"拦水坝"，巩固了脱贫成果，提升了扶贫质量。由于"濒临贫困"的人群享受不到贫困户的帮扶政策，同时经济收入又比较低，是农村人口中处在贫困边缘的"夹心层"，对这一群体予以关注，当他们因病、因学、因灾存在较高致贫、返贫风险时，防贫保险发挥作用，给予其及时而有效的救助，这是脱贫攻坚工作的进一步延伸，是脱贫攻坚理念的进一步深化。

随着我国扶贫开发工作开展逐步深入，已脱贫的贫困人口再次返贫以及非贫困人口首次沦为贫困人口给各地方基层扶贫攻坚工作带来巨大挑战，在全力扶贫脱贫的同时，防贫措施也不可落下。导致返贫现象出现的因素是多样的，主要有因病因残因学，以及缺少资金、技术，缺少自立自强的意愿等。针对返贫挑战，魏县建立并完善返贫预警机制和防贫保障机制，一方面有效控制贫困人口增量，另一方面对低收入但未达建档立卡贫困标准的群体预设保护网，从而维持"贫"与"非贫"之间的平衡状态，追求实质上的社会公平。在建档立卡识别贫困人口时，一些在贫困边缘的农村低收入户不符合贫困户条件被排除在外，虽然与贫困户家境相差不大，但却不能享受扶贫政策。返贫预警机制聚焦致贫返贫关键因素，动态监测全县低收入非贫困户以及非高标准脱贫户。2017 年 10 月，魏县签订了全国第一份"防贫保险单"，首创全新险种，实现保险险种从"定人定量"到"群体共享"的颠覆式转变。县委、县政府积极尝试，先后与多家保险公司洽谈，最终与中国太平洋保险公司达成协议，合作创设"精准防贫保险"。由县财政拿出 400 万元作为防贫保险金，按每人每年 50 元保费标准为全县 10% 左右的农村人口购买防贫保险。保障的对象不是具体的某个人，而是一类人。以国家确定的农村贫困线为基准，凡是家庭人均收入在贫困线 1—1.5 倍即 3200—4800 元之间的农村人口，就可以确定为保障对象。也就是说，虽然是为低收入人群购买保险，但受益人是全县 80 万农村人口，只要符合相关条件，就可以得到保险救助。按照协议规定，保险金"多退少补""余额结转"。通过购买第三方服务，借助太平洋财险公司专业化手段，实施入户勘察核算，对经过综合认定符合条件的防贫对象发放防贫保险。此举不仅做到"少花钱，多办事"，也推动了保险业的创新。

事实证明，魏县的这种创新机制取得了一定成效，也具有一定的推广价值。对即将返贫、致贫人员，适当地进行"输血"，增强"造血"能力，助其渡过难关，比放任其陷入贫困时再行帮扶，成本要低得多，效果也好得多。这个成本，不仅包括经济成本，还包括行政成本、社会成本等。从更深层次看，创设精准防贫保险，既是经济账，更是民心账。

除了设置防贫保险被动防守之外，魏县各乡镇还积极进行人才培养和人才引进，采用积极的策略防止边缘人员致贫，从而从根源上降低了贫困发生率。例如，根据各镇普遍存在的技术性问题进行定期培训，提高农户的生产生活能力，向新型职业农民的目标迈进，提高包括贫困户在内的农户致富能力。在养殖业农户中进行防疫等技术知识推广，降低农户因生产技术问题而导致的资产损失风险。针对各村中对电商感兴趣的村民进行免费培训，印刷电商扶贫明白纸，每户一份，共培训了近 1.4 万人次，其中，建档立卡贫困户约 3400 人次。建立了电商运营园，开展 5 期，培训 192 人，先后帮扶了 46 人次。除了政府主导的村民技能培训之外，魏县各新型农业经营主体、合作社、工厂也积极组织员工培训。为了企业的长足发展，防止脱贫人口再次返贫，工厂积极培育自己的技术工人，并以外招为辅助，通过不断改进农业技术、提高产品品质来获得更强的市场竞争力，为扶贫攻坚战结束后的可持续发展做好准备。

（三）干部包联到户：建构稳固的组织帮扶机制

魏县各级干部认真学习贯彻习近平总书记重要指示精神，进一步纠正"四风"，加强作风建设，增强服务贫困群众的意识和能力，加快贫困群众脱贫致富步伐，在全县范围内实行县乡领导干部包联扶贫对象制度。具体举措包括：县四大班子成员每人分包 1 个贫困村，2 个贫困户；乡级领导干部每人分包 1 个贫困村，2 个贫困户；县 143 个扶贫开发重点村中的贫困户，由该村驻村工作队派出单位安排本单位干部进行包联，做到全覆盖，对贫困程度较深的贫困户实行"一包一"帮扶，即每户安排一名驻村工作队派出单位干部结对帮扶；无驻村帮扶任务的县直单位干部和乡镇其他干部，由县级党委组织部门统筹包联非贫困村的贫困户，实现非贫困村贫困户包联帮扶全覆盖。

在各级干部指导帮助下，贫困村和贫困群众充分利用国家扶贫政策，因地制宜地选准脱贫路径，科学制订脱贫攻坚计划。落实精准扶贫、精准脱贫方略，以促进贫困群众稳定增收为核心，结合包联贫困对象实际，在以下9个方面精准发力：第一，包联产业增收。坚持把产业扶贫作为确保贫困群众持续稳定增收的根本途径，积极培育产业项目，壮大扶贫特色农业、开发扶贫旅游业、优化发展扶贫微工厂、推广光伏扶贫产业、推行电商扶贫产业。第二，包联就业增收。分类统计具有创业能力的贫困人口，开展多种形式的免费技能培训、订单定向培训，提高转移就业能力，做好贫困群众劳动保障、工伤保险、薪酬领取等权益的维护。畅通贫困村、贫困户劳务输出渠道，广泛收集用工信息，拓展外出就业空间。贫困村加快扶贫微工厂建设，实现扶贫微工厂覆盖所有领导包联的贫困村。第三，包联健康扶贫。协调卫生计生部门，提高贫困村基本医疗及公共卫生服务水平。每个包联贫困村设置1个标准化卫生室，贫困群众小病不出村、一般病不出县。落实居民医保参保资助、慢性病门诊诊疗等医疗扶贫到户政策。第四，包联教育扶贫。教育是阻断贫困代际传递的治本之策，推动教育领域项目资金向包联贫困村、贫困户家庭学生精准投放。对贫困户加强职业教育和基础能力建设，全面落实建档立卡贫困学生"三免一助"、国家扶贫开发工作重点县农村义务教育阶段学生营养改善计划、"雨露计划"等政策。第五，包联社保兜底。农村低保制度与扶贫政策有效衔接，贫困村及时将符合农村最低生活保障条件的建档立卡贫困人口全部纳入低保，发挥社会保障的兜底脱贫功能。第六，包联农村危房改造行动。包联干部帮助住危房的贫困户积极申请，加快推进贫困户危房改造，确保了2020年后包联贫困村所有符合危房改造政策的建档立卡贫困户、低保户、农村分散供养特困人员和贫困残疾人家庭4类重点对象全部完成危房改造任务，切实保障贫困群众基本住房安全。第七，包联贫困村基础设施提升。推进实施贫困村基础设施和基本公共服务提升工程，夯实群众脱贫发展的基础。第八，包联内源扶贫。坚持扶贫与扶志、扶智相结合，加强宣传、教育、培训，发动贫困群众自强自助，想方设法脱贫摘帽。第九，包联"抓党建促脱贫"。开展"脱贫攻坚党旗红"活动，切实帮助包联贫困村加强基层组织建设，切实发挥好基层村党组织、驻村工作队、党员干部在脱贫攻坚中的战斗堡垒作用和先锋模范作用，以党建推动脱贫攻坚责任落实、政策落实、工作落实。

（四）特色为本：以产业带扶贫的本土发掘机制

在脱贫攻坚过程中，魏县积极为本县的贫困原因把脉，在分析致贫宿因的基础上，将致贫的消极因素转化为致富的积极因素，依托本地特色，逐渐建立起产业带动方面的本土引领机制，形成可供参考借鉴的优良经验。根据魏县本地特点，主要有两项本土引领举措：

其一，建立扶贫微工厂，探索"扶贫就在家门口"的本地产业模式，并形成四方互动机制。随着京津冀协同发展步伐加快，北京、雄安等地劳动密集型加工企业陆续外迁。魏县县委、县政府审时度势、因势利导，提出"以创业促就业"的发展思路，鼓励支持各乡镇、村通过"内联""外引"等形式，本着"就业门槛低、工作易上手"的原则，大力发展箱包、服装、毛绒玩具等劳动密集型加工产业，按照"一村一品"的发展思路进行重点扶持。以沙口集乡为试点，采取统一规划、统一设计、统一标准、统一标识、统一补助，创新发展扶贫微工厂，制定《魏县扶贫微工厂管理办法》，实施"引凤还巢"工程，吸引魏县籍在外人员回乡回村创业。扶贫微工厂采取政府出资、外部援建、村级所有、引企入驻的形式，实现送项目到村、送技能到户、送就业到人，最终达到贫困户就业增收的目的。政府出资主要来源于统筹整合财政涉农资金，并实行对村、对企"双补助"：对村集体投资新建、改建扶贫微工厂的，实行全额补助，分三年补助到位，所形成资产及资产收益归村集体所有。对入驻企业，每吸纳一个贫困工人每年补助500元；贫困工人使用的加工设备还可享受最多100%补助，不让企业和群众花一分钱。微工厂采用三种形式建立，包括新建、改建、租赁。遵循"宜建则建""宜改则改""宜租则租"三项原则，经村申报、乡审核、县审批同意后，可在村集体土地或租用闲置宅基地上新建扶贫微工厂，并享受"先建后补"扶持政策。扶贫微工厂的设立解决了原来家庭手工业作坊规模小、分布散、带动群众增收成效不明显等问题，同时还盘活了村里的闲置甚至废弃资产，如牙里镇楼东村将废弃多年的学校改造成扶贫微工厂，生产毛绒玩具。扶贫微工厂项目的顺利施行，使得四方受益：一是贫困户实现了无障碍就业、多形式增收；二是微企业实现了低风险生产、多渠道增效；三是村集体实现了可持续壮大、多方面增益；四是实现了致富带头人园区化培育、多平台创业。

其二，以本地特色产品"密植梨"为基础，创新出适宜本地社会生产结构的扶贫机制，使得旧产业这棵"老树"发出了"新芽"。魏县是中国鸭梨之乡，梨文化深厚绵长，历久弥新。为建设梨产业强县、促进梨农增收，带动建档立卡户增收致富，全县规划建设一批密植梨扶贫产业园区，实施梨产业扶贫带动工程。截至2018年，全县已建设密植梨扶贫产业园区43家，涉及18个乡镇，种植面积共计9576亩，其中合作社（大户）种植面积为3796亩，建档立卡户自种面积5780亩，带动贫困户5780户。密植梨扶贫园区建设由种植大户引领，每个建档立卡户按照就近、自愿选择的原则，可在相应的扶贫产业园内种植1亩密植梨。县财政资金、县整合财政涉农资金分别对密植梨种植大户以及从事密植梨种植的建档立卡户对树苗、土地流转、技术生产等费用进行补贴，同时，严格执行"五统一"管理，即：统一种植、统一管理、统一采收、统一品牌、统一销售。新栽种密植梨三年挂果，五年后进入盛产期，每亩经济效益1万元以上。通过实施密植梨扶贫产业园区项目，不仅能带动建档立卡户脱贫致富，增加了农村劳动力就业，还可以有效提高果农的果树管理技术和水平，改变果农的经济观念，提高市场意识，同时，还能为其他果农树立样板，当好示范，促进农业产业结构调整，促进农村繁荣稳定。

（五）龙头引领：以产业园为核心的扶贫引领机制

在脱贫攻坚过程中，龙头产业引领是核心力量。魏县扶贫办秉持创新、高效、协作、共赢的发展理念，以推进农业供给侧结构性改革为主线，以促进农民脱贫保稳、持续增收为核心，以龙头企业（公司、合作社）为依托，以党组织为引领，以农业产业项目为抓手，以现代科技为支撑，通过强化政策支持，完善建管机制，进一步增强贫困村、贫困群众"造血"功能及自我发展能力，提升产业发展的质量效益和竞争力，推动全县贫困村集体经济可持续增收、贫困人口长期稳定脱贫。按照"资金跟着穷人走，穷人跟着能人走，能人跟着产业走，产业跟着市场走"的"四跟四走"扶贫路径，通过魏县党委和政府"主导式"推动，企业理念"嵌入式"经营，农户主体"捆绑式"参与，涉农资源"整合式"投入，建立以"依托一个企业（组织）、选准一个品种、用好一个能人、建成一个园区、培育一方产业、带富一乡群众"为主要内容的"六个一"带贫扶贫机制，构建利益共享、风险共担、协调联动的产业发展"共同体"，加快推动生产要素聚集，培育壮大特色主导产业。扶贫产业园区主要采取以下三种模式：

其一，"龙头企业（公司）+村级组织+建档立卡户（农户）"模式。依托龙头企业（公司）建立园区，村组织推动土地流转并"打包"出租，龙头企业（公司）负责对园区进行统一规划、统一品种、统一品牌、统一销售，对园区内生产的产品按协议价保底回收，保障建档立卡户（农户）收益稳定。园区内的大棚由建档立卡户按照规划自行建立，所用资金由县整合财政涉农资金进行补贴，不足部分可通过小额扶贫贷款解决，建成大棚最终所有权归建档立卡户。

其二，"村级组织+专业合作社+建档立卡户（农户）"模式。由贫困村党组织牵头建立农村专业合作社，按照订单农业的发展理念，统一流转土地，统一组织规划，建设扶贫产业园区，园区内大棚建立方式同依托龙头企业模式相同，合作社负责为参与生产的建档立卡户（农户）提供统一技术指导与服务，帮其实现快速、稳定、持续增收。

其三，"经济能人+村级组织+专业合作社+建档立卡户（农户）"模式。由贫困村党组织引领经济能人创办合作社或依托现有合作社，采取"能人引路、规模种养、统一经营、保底收购"模式，建立扶贫产业园区，以此解决建档立卡户（农户）在农业产业发展中规模小、缺技术等问题、难题，最大限度地降低其生产经营风险。截至2018年，全县建成扶贫产业园区22家，建成大棚3000余个，在建大棚800个，带动贫困户2600余户。

在以龙头企业为核心的产业脱贫过程中，魏县探索出"量资入股"模式，有效地避免了龙头企业可能存在的融资弊端。具体做法是，魏县扶贫办整合一部分涉农资金，优选经济实力强的农业产业化龙头企业，采取村集体股份和贫困户权益入股，推行以资金变资产、资产变股权为主要内容的"量资入股"模式，对患慢性病、残疾等弱劳力群体，通过安排护林员、保洁员等公益性岗位，每人（户）每年分红3600元；对无劳动能力的直接进行分红保障，年收益稳定在1500元。依托绿珍、浩泓等龙头企业，优选食用菌等生产周期短、成本低、见效快的优势产业，结合庭院经济投资小、见效快、风险低等发展特点，充分利用农户房前屋后的闲置土地，发展各具特色的庭院种植，把农家庭院的"方寸地"建成农村半劳力群体脱贫致富的"增收园"。

（六）爱心接力：建构"浸润式"扶贫兜底机制

贫困的应对需要有多元策略，其中很重要的一种就是对贫困人群的兜底帮扶。魏县的扶贫兜底机制包括以下几个方面：

其一，聚焦最困难群众，兜住贫困底线的防护机制。在扶贫过程中，魏县聚焦贫困家庭大病、慢性病和就学等突出问题，有针对性地建立完善"两不愁三保障"长效机制。在严格落实上级保障政策的基础上，县财政拿出 300 万元，设立"健康扶贫救助基金"，构建了医疗救助"四重保障机制"；县财政拿出 200 万元，设立"贫困家庭大学生资助基金"。整合资金近 7000 万元，重点为投工投料能力极弱的 1236 户贫困群众全额出资建成"装配式住房"，将农村居民最低生活保障标准调整为每人每年 4100 元，建档立卡户补贴标准提高到每人每月 270 元；对一级、二级重度残疾人，每人每年发放 720 元护理补贴，对于享受低保重度残疾人每人每年增发 792 元生活补贴，切实提高最困难群众的生活保障水平。

其二，夯实基础设施，建构贫困人口的生计底线保障机制。魏县实施安全饮水提质增效工作，综合采取改造、配套、升级、联网等方式，全部解决贫困村饮水安全问题；帮助包联贫困村实施电网升级改造工程，满足贫困村、贫困户生产生活需要，为光伏扶贫项目接网和并网运行提供保障，供电能力和服务水平明显提升；帮助包联贫困村实施信息普惠工程，加大广电扶贫力度，采取政府补贴、企业降费等方式，实现贫困户电视入户全覆盖，推进宽带、光纤向贫困村延伸，4G 网络和光纤宽带实现包联贫困村全覆盖；帮助包联贫困村实施道路硬化亮化工程，实现公路全部硬化，村内街道全部硬化亮化；帮助包联贫困村实施标准化卫生设施达标工程，实现综合性文化活动室、健身活动场所和标准化卫生室全覆盖，丰富群众文体生活；提高基本医疗及公共卫生服务水平；帮助包联贫困村实施改厨改厕工程，达到节能环保、健康卫生目标。

其三，设立公益岗位，建立连接扶贫行动的爱心接力机制。为充分激发贫困人口脱贫内生动力，提升贫困村环境卫生、社会治安等公共服务水平，促进脱贫攻坚和乡村振兴工作，魏县各乡镇设置一批公益性扶贫岗位，主要分为长期岗位和临时岗位两类。长期岗位包括垃圾清运员、治安违建巡防员、护林护路员等；临时岗位包括信访维稳、档案整理、植树种花岗位等。公益岗位设置重点面向有一定劳动能力的贫困群体，坚持按劳分配、多劳多得。此外，魏县还建设了"爱心超市"，秉承"爱心扶贫、用行济困、全民文明"的宗旨，在全县22个乡镇、街道办积极探索"积分改变习惯、勤劳改变生活，环境提振精气神、全民共建好乡村"的模式，激发内生动力，培育崇德向善的乡风民俗。"爱心超市"服从于全县脱贫工作，由各乡镇主抓，民政、扶贫等部门负责筹建和分配物资，各乡镇负责"爱心超市"的商品对接、兑换等具体工作。政府大力支持鼓励帮扶单位、民办企业、社会组织、个人积极捐助，形成共同参与、共同建设、共同使用的良好氛围。

（七）公开透明：建立扶危济困的阳光扶贫机制

为提高扶贫工作透明度，实现公开公正公平扶贫，魏县扶贫开发和脱贫工作领导小组决定在全县实施阳光扶贫工程，从源头上防控扶贫领域腐败和作风问题，全面实施扶贫对象、扶贫政策、扶贫资金、扶贫项目"四公开"，让扶贫工作在阳光下开展，主动接受社会各界监督。

阳光扶贫工程秉持四项原则：第一，坚持扶贫事项全要素公开。凡是扶贫对象识别、扶贫政策落实、扶贫资金分配、扶贫项目实施、扶贫收益分配等涉及贫困群众切身利益的事项全部及时公开。第二，坚持责任主体主动公开。魏县乡村各级按照工作权限和工作范围，实行扶贫对象谁上报谁公开，扶贫资金谁分配谁公开，扶贫项目谁审批谁公开，扶贫政策谁落实谁公开。扶贫对象在哪里、扶贫资金投向哪里、扶贫项目实施在哪里、扶贫政策覆盖到哪里，公开就跟进到哪里。对扶贫领域应当公开的事项，全面在县、乡、村三级公开，广泛接受社会监督。第三，坚持多渠道全方位公开。针对不同扶贫事项，采取多渠道、多形式进行公开，达到内容全面、公开及时、操作透明、范围广泛、追溯可查的公开效果，方便社会各界随时随地监督。第四，坚持扶贫事项全过程公开。围绕"项目跟着规划走、资金跟着项目走、监督跟着资金走、公开跟着全程走"的要求，对每一项扶贫事项，抓好事项全过程公开、各阶段留痕，不同层面公开工作做到相互印证、相互监督，提高公开效果。

扶贫工作公开形式多种多样，主要包括张贴公告、制作宣传册、电视广播、网站平台、微信平台等，力求向群众全方位传达扶贫工作事项。各级各部门注重信息比对和信息交流，确保公开信息的完整性、准确性，坚决防止虚假公开，切实做到扶贫工作务实、脱贫过程扎实、脱贫结果真实，提高群众知晓率，保障群众知情权，增强群众的获得感和满意度。

四、魏县脱贫攻坚中的典型经验探索

（一）统筹与协调："贫"与"非贫"的平衡与实践

贫困是社会物质生活、精神生活贫穷的总称。为保证人类的延续与繁衍，人类社会历史上就致力于对财富的积累和对物质的追求，最大效率地对可用资源进行开发与利用，实现人类社会的进步发展。然而，当社会物质这块"蛋糕"越做越大时，如何分配便成了一个重要的问题。在分配不均或发展速度不统一时，就形成两极分化问题，出现贫穷与富有的差距，在农村则表现为"贫困户"与"非贫困户"的矛盾、"贫困村"与"非贫困村"的矛盾。扶贫工作本质就是为了帮助贫困人口摆脱贫困，缩小社会贫富差距，防止两极分化，共同享有社会主义现代化的成果。但是，在帮助贫困人口脱贫的过程中往往会出现两种情况：一是优惠政策倾向贫困户，对非贫困户待遇不公；二是优惠政策倾向贫困村，对非贫困村中的贫困户待遇不公。于是，公平问题成为扶贫过程中需要深入探讨的难题。公平与效率是中国社会发展长期以来追求的理想与目标，在全面建成小康社会之际，扶贫首先要发挥政府的主导作用，在公共财政、医疗卫生、教育生活、社会保障方面发挥作用。在创造财富的同时调节收入差距，保证"非贫"的持续发展的过程中帮助"贫困户""贫困村"实现脱贫。因此，政府要充分发挥公共财政调节收入差距的职能，实现更高程度和更大范围的社会平衡。

1. 关于"贫"与"非贫"的政策沿革

为实现"贫"与"非贫"的平衡，必须要思考两类问题：一是效率与公平的平衡问题；二是社会公平的完善问题。对于效率与公平的探索，新中国成立以来，国家就致力于解决贫困问题，采取各项措施完善贫困人口的最低生活保障，帮助贫困户摆脱贫困。中国在探索贫困问题的解决过程中探索出三类扶贫模式，分别为"救济式扶贫""体制变革式扶贫"以及"开发式扶贫"。救济式扶贫指国家直接向贫困地区发放救济物资，例如粮食、衣物及资金补贴来保障贫困地区人民的最低生活标准。救济式扶贫为贫困人口提供了最低生活保障，解决了贫困人口的温饱问题。但是，救济式扶贫并未带动贫困人口"造血"功能，未带动贫困人口内生动力，反而会造成贫困人口的依赖。体制变革式扶贫主要应用于改革开放初期，1978年至1985年总体经历三类变革：第一，由家庭联产承包责任制取代人民公社制，极大提高了人民的积极性和创造性，大大提高了生产力和生产效率。第二，形成市场化的农产品交易制度，保证农产品顺利流入市场，农产品价格逐步提高，缩小了农业与工业的差距。第三，大力发展乡镇企业，剩余劳动力向乡镇转移，带动贫困户就业，实现贫困人口脱贫致富，有利于缓解贫困问题。变革式扶贫关注经济发展状况，期望通过经济快速发展，带动贫困人口摆脱贫困。开发式扶贫是我国扶贫探索研究中的一次重要转型。1994年，国家提出《国家八七扶贫攻坚计划（1994—2000）》，2001年制定《中国农村扶贫开发纲要（2000—2010）》，2018年中共中央、国务院印发了《乡村振兴战略规划（2018—2022年）》。相对于前两项扶贫政策，开发式扶贫倡导在国家主导的前提下，充分调动全社会共同参与的积极性，把"扶贫"与"扶智"结合起来，由政府提供资金转变为提供帮助，使贫困人口依靠自己的创造力，帮助自己走出困境，如开展合作社运动，为农户提供小额贷款等。开发式扶贫尽量兼顾效率与公平，并取得了一定的成效。

2. "贫"与"非贫"平衡的县域实践

魏县以促进贫困人口脱贫增收为目标，精准定向施策，采取就地转移就业、农业园区务工、劳务输出转移、社会保障兜底等四种模式，提高了扶贫精准度。在此过程中，魏县摸索出一条平衡"贫"与"非贫"人群的施政实践，既关注脱贫工作的效率，亦关注脱贫工作中的公平，这对我国其他地区的脱贫及防贫工作具有较强的借鉴意义。

魏县脱贫工作中对效率的探索。对于"贫困村"中的"贫困户"与"非贫困村"中的"贫困户"来说，都亟须财政补贴与金融支持来带动产业经济的发展，为贫困户脱贫提供一个原始的动力。魏县按照河北省和邯郸市的决策部署，紧紧围绕脱贫攻坚目标，坚持精准扶贫、精准脱贫基本方略，充分利用上级赋予贫困县统筹整合使用财政涉农资金的自主权限，加大涉农资金统筹整合和资金投入力度，优化资金使用机制，提高资金配置效率，创新方式方法，形成全方位帮扶合力。根据脱贫攻坚实际需要，将纳入整合范围的各类资金在"大类间打通""跨类别使用"，在"因需而整"的前提下做到"应整尽整"。整合资金以脱贫成效为导向，以扶贫规划为引领，以重点扶贫项目为平台，统筹整合使用财政涉农资金，撬动金融资本和社会帮扶资金投入扶贫开发，提高资金使用精准度和效益。2018 年，魏县实际整合财政涉农资金 26385.1 万元，其中安排产业扶贫项目资金 8053.2 万元，基础设施项目资金 15423 万元，安排量资入股项目资金 2400 万元，金融扶贫项目资金 25 万元，"雨露计划"等其他项目资金 484 万元。在扶贫实践中，普惠性资金投入与扶贫专项资金投入相辅相成、相得益彰，共同发挥作用。普惠性资金保障魏县生产生活，提高贫困户与非贫困户的收入，确保非贫困户享受社会主义发展的成果，发掘内生动力，带动全县脱贫致富。扶贫类资金，对贫困户特殊照顾，使其迎头赶上，弥补历史问题，缩小与非贫困户之间的差距，尽可能维护相对公平。

魏县脱贫工作中对公平的探索。魏县在提高效率又维护公平的探索中，进行了产业和就业扶贫、金融扶贫，利用乡镇龙头企业、农村信用合作社的帮助，引导剩余劳动力进入劳动阶段，使具有劳动能力的贫困人口通过工业劳动或提供贷款进行工农业生产的方式使自己富起来。不仅提高了个人收入，改善了自身的经济状况，还带动了整个县的经济发展。并且，为缩小贫困户与非贫困户的差距，魏县实施了易地扶贫搬迁、危房改造、教育扶贫、社保政策兜底、健康扶贫、基础设施扶贫、精准帮扶等政策，给予贫困户坚实的政策后盾，保证贫困户的生活需要。在县域工作中，扶贫政策和扶贫方式受不同地区现实情况差异的影响，乡镇在开展工作过程中，难免会出现对非贫困村贫困户帮扶不到位、责任不到位等问题，有些项目和手段存在"同乡（镇）不同等"的现象，使某些贫困村很有可能被边缘化，影响整个脱贫工作的进程。为此，魏县准确定位贫困户，完成建档立卡的任务，不疏忽一个贫困人口，也不让浑水摸鱼之人有机可乘。完善一体化扶贫机制，形成"一股绳"的社会合力，在强化"一揽子"扶贫措施的同时，树立一盘棋的扶贫思想。扶贫工作以全面脱贫为战略目标，积极关注和重视非贫困村贫困人口的帮扶工作，树立"一盘棋""一视同仁"的思想，注重均衡发展，积极提升非贫困村帮扶的组织化程度，构建"帮困不漏户"的全覆盖帮扶机制，防止非贫困村"边缘化""一边倒"。在脱贫攻坚工作中对贫困村和非贫困村灵活利用政策，统筹协调安排好项目和资金，尤其是在道路、水利、电力等普惠性基础设施建设和公共服务上做到同向发展，防止出现新的不平衡现象。合理安排资金，按照贫困人口数核发扶贫专项资金，保证贫困村与非贫困村站在同一起跑线上。在基础设施建设项目方面，以乡镇政府为项目实施主体，实施涵盖全乡（镇）非贫困村贫困人口的产业扶贫项目和公共服务项目，国家、省财政扶持的贫困村基础设施项目，可以延伸到连片开发的非贫困村。魏县还注重合理调配后盾力量，县级领导统筹联点乡镇的扶贫工作，后盾单位实行乡镇包干，科局强弱搭配，统一落实"一对一"帮扶措施，坚持贫困村与非贫困村的扶贫工作同部署、同检查、同考核，做到不脱贫不脱钩。此外，根据不同贫困家庭、不同贫困类型，实施差异化帮扶，加大对非贫困村贫困人口的帮扶和政策落实力度，不让一个贫困户掉队。民政、人社、教育、卫生部门加大兜底保障力度，农业、水利、交通、电力等部门不断加大基础设施建设的扶持力度。县委、县政府根据精准扶贫的工作任务和现实要求，压实县直单位、乡、村三级责任。在合理统筹扶贫项目的基础上，将精准扶贫资金列入财政专项预算，并对按时限要求脱贫了的乡、村给予奖励，力争在精准扶贫上创造出更多的特色和经验。组织和动员共产党员、机关干部、"两代表一委员"、企业、社会团体积极投身和参与扶贫攻坚。正确处理好"输血"与"造血"、虚功与实功、主体与主导的关系，在全社会营造脱贫攻坚的良好氛围，形成全民扶贫、全社会扶贫的良好环境。不论贫困村还是非贫困村，"精准扶贫"都要求找准贫困对象，探寻致贫原因，做到扶贫与扶志相结合，从根子和源头上遏制贫富分化。

以交通运输行业为例，2016—2018 年，魏县新建道路项目主要集中在贫困村，经过 3 年攻坚，贫困村道路设施基本完善，但非贫困村还存在许多断头路、损毁路，严重影响村民出行和农产品运输。2018—2020 年，魏县重点实施农村公路"569 工程"：修建 5 条旅游观光路、6 条产业致富路、9 条畅乡通村路，每条道路都连接主干线，所有乡镇半小时直达县城，所有村 10 分钟至乡镇驻地。2019 年投资 1.6 亿元完成 8 条道路，惠及 152 个村，其中贫困村 20 个，非贫困村 119 个，连体村 13 个。魏县不仅在基础设施建设上兼顾贫困村与非贫困村，在产业布局上，同样坚持均衡协调发展。2018 年起步的密植梨产业 43 个基地中，有 27 个设在非贫困村，占比 62%。

（二）在地言地：开创"内生"与"外保"相结合的双向扶贫路径

根据魏县贫困户建档立卡的数据统计，县里的贫困户主体多为留守在家的妇女、老人、儿童这类"半劳动力"或"弱劳动力"。他们往往文化水平较低，体力较弱，既不能从事高级的知识工作，也无法离开贫困县外出寻找劳动密集型工作，只能依靠产出较低的土地生活。因此，壮劳动力与知识分子纷纷离开家乡谋求生路，留下的老人、妇女、儿童无法创造更多的物质财富，长此以往，形成恶性循环。魏县在这种长期生产水平落后、物质财富匮乏的情况下，生产毫无效率可言，经济发展落后。为了解决贫困户与贫困村的问题，必须从贫困的根源入手，激发贫困地区的内生动力，在保障其最低生活水平的同时，最大限度提高生产效率，引导贫困地区自己脱贫。

1. 魏县扶贫的"内生"模式：扶贫微工厂的创建

在脱贫攻坚道路上，劳务输出渐渐成为魏县群众增加收入的重要渠道之一。伴随着劳务输出的发展，各行各业涌现出一批经济能人，他们想返乡二次创业，但因缺资金、找不到项目和载体等，一度搁浅。同时，外出务工造成魏县留守的妇女、老人等达 12.6 万人，其中贫困人口约 1.8 万人，他们要照顾孩子和庄稼，离不开家；缺技能、缺信息、年龄偏大，就业增收难，只能算"半劳力"或"弱劳力"。如何帮他们实现脱贫致富成为顺利完成全县脱贫任务的关键。为破解这一难题，魏县党委、政府因势利导，通过多年扶贫经验摸索出一套适合自己的产业扶贫模式，激励在外务工经济能人返乡创业，创办扶贫微工厂，为贫困群众搭建就业脱贫的舞台。扶贫微工厂是专门为魏县无法外出务工的妇女、有劳动能力的老龄化人口以及缺少工作机会的贫困半劳动力、弱劳动力设立的，其主旨在于通过政府的引导，为贫困户提供就业岗位。扶贫微工厂主要为劳动密集型产业，不需要高精尖的技术与雄厚的资本积累便可投入生产。贫困户可以在家中从事箱包、服装、毛绒玩具等来料代加工家庭作坊式生产，按订单加工，赚取加工费，每人每天可挣到几十元。规模大的工厂有几十人，小的有十几人，以魏县沙口集乡居多，星星点点遍布十几个村。魏县经过充分论证分析，认为这种家庭作坊式的来料代加工业是利用好这些半劳力、弱劳力，加快脱贫致富的希望。据调查显示，魏县有 252 家扶贫微工厂，带动贫困人口就业 6160 人，带贫率达到 52.2%，贫困劳力年均增收 1.8 万元。扶贫微工厂不仅成为助力魏县稳定脱贫的重要产业平台，还成为全国多地竞相学习的样板。

扶贫微工厂是魏县在推进产业就业扶贫中的创新举措。扶贫微工厂紧抓京津冀协同发展、北京等地劳动密集型加工企业陆续外迁等机遇，在贫困村建立生产车间或分工厂，大力发展箱包、服装、毛绒玩具等加工产业。魏县制定了《扶贫微工厂建设管理暂行办法》,实行"新建""改造""租用"三种模式,"用工""机械"两项补助。其中,对新建、改建的,实行全额补助;贫困工人使用的加工设备可享受最多100%补助。从实践中看,让扶贫防贫对象中的妇女、老人等半劳力、弱劳力优先到就近微工厂工作这一举措,对增加农民家庭收入成效明显。

同时,魏县还建立了"大企业+微工厂+党支部+致富带头人+贫困户"利益联结机制,在发展扶贫微工厂时,采取"村建、企用、乡管、县补"方式,实行对村、对企"双补助"。对村集体投资新建、改建扶贫微工厂的,实行全额补助,建成验收后补贴80%,剩余部分分两个年度补助到位,所形成资产及资产收益归村集体所有。同时,入驻企业优先安排贫困对象就业,贫困人口占就业总人数比重达到30%的,每吸纳一个贫困人口每年补助就业培训费500元。贫困群众使用的加工设备还可享受全额补助。政府为鼓励产业扶贫,在发展扶贫微工厂的同时,加大对乡村重点企业的培养,如河北绿珍食用菌有限公司、邯郸市博浩农业科技有限公司等,政府对此类企业鼓励支持引导,授予它们重点龙头企业、示范基地或星创天地等荣誉称号,在发展经济、提高魏县GDP的同时,先富帮助后富,将工作岗位优先分配给需要帮助的贫困户,提高效率的同时尽量维护好公平。扶贫微工厂的创办是魏县扶贫工作中的一个亮点。扶贫微工厂增加了贫困人口的收入,发展了乡村第二产业,带动了贫困人口的劳动积极性,使他们在创造价值收入的过程中努力缩小与非贫困人口的差距,是一次大胆又有成效的创新。

2. 魏县扶贫的"外保"策略:创设"扶贫救助基金"

在魏县,因病致贫是建档立卡贫困户里面致贫原因最为集中的一种,由于家里老人多、医院的医疗技术和设备收费较高等原因,造成了居民所承担的医疗费用一路飙升,基本医保(新农合)难以解决群众因大病承担的医疗重负。常言说，病来如山倒。往往是家里一人得病，全家致贫。因此，不解决看病问题，贫困问题就无法彻底解决，贫困县无法实现脱帽。在此情况下，魏县采取了多种措施来实现健康扶贫。根据《魏县提高贫困人口医疗保障救助水平实施方案》精神，县政府设立了"政府健康扶贫救助基金"，即每年由县财政列入预算 300 万元作为健康扶贫救助基金，专项用于魏县农村建档立卡贫困人口等 5 类贫困群体的健康保障救助。健康扶贫救助基金保障救助对象为农村建档立卡贫困人口，特困供养人员，最低生活保障家庭成员，低收入家庭的重病患者、60 岁以上老年人和独生子女伤残、死亡家庭父母，因医疗自付费用过高导致家庭无力承担的患者（因患病造成家庭基本生活困难且个人自付合规医疗费用超过家庭前 12 个月总收入 50% 以上的），符合规定的其他特殊困难人群等。具体使用情形如下：对于在县内和县外医保定点医疗机构住院治疗的，已享受三重保障（基本医疗保险、大病保险、医疗救助）后仍然花费高额医疗费用，且根本无经济能力治疗疾病的，县财政对其自付的医疗费用进行全额救助；对于在县内和县外医保定点医疗机构住院治疗的，已享受三重保障后仍然花费高额医疗费用，但根据自身经济收入可能会致贫返贫的，县财政对自付医疗费用在 5000 元以上的按 80% 的比例进行救助。

此外，为了保障贫困人员医疗报销顺利进行，魏县全面落实一站式报销政策，提高办事效率。县域内医保定点医疗机构和医保报销窗口均全面实现了一站式报销服务，结算率 100%。即建档立卡贫困人口出院报销时将基本医疗保险、大病保险、医疗救助"三重保障线"同时进行即时结算。县域内定点医疗机构平均合规报销比例在 96% 以上，域外合规报销比例在 92% 以上，让广大贫困居民充分受益。同时，魏县还采取将建档立卡贫困人口报销数据公示制度，确保报销程序公开、透明。

（三）稳暖如常：构筑扶贫的长效"防火墙"

为了更加精准施策，筑起扶贫的"防火墙"，魏县对于贫困户和非贫困户这两类人群，均建立起适配的有效机制。对于贫困户而言，主要是把牢识别关，而对于非贫户中的"边缘人群"，则设定了两条警戒线，以便严丝合缝地建立起扶贫的长效防火墙。

1. "清锅兜底"：做好贫困户识别

魏县积极做好建档立卡工作，摸清贫困人口具体情况，以方便对症下药。建档指为贫困户建立贫困档案，立卡就是设立贫困户信息卡和帮扶卡。建档立卡户指的就是把该户识别为贫困户，并录入国家扶贫系统，享受国家扶贫政策与扶贫待遇。在每张贫困户的卡片上，都要求载明贫困户的家庭情况，比如几口人、联系方式、主要收入方式等；还要载明帮扶责任人、联系方式、帮扶内容等。扶贫过程充分体现一户一策，因户而异。扶贫人员也实行网格化管理，每个扶贫工作人员安排帮扶规定的帮扶对象，帮扶对象与扶贫工作人员被编成一个支队，每个贫困户都有对应负责的扶贫人员；扶贫人员的工作任务明确，保证有求必应，直接为贫困户提供帮助。建档立卡可以帮助政府准确明晰地分辨出贫困户，提高工作效率。魏县依托贫困识别工作建立起了扶贫的第一道坚固的"防火墙"。

2. 临界保护：构筑"两非户"的扶贫保障制度

为了建构长效的脱贫和防贫机制，魏县在脱贫攻坚过程中，明确划定两条界线。一是防贫预警线。由相关部门依据大数据分析，分别设置防贫预警线，第一时间发现致贫隐患，纳入重点监测范围，上报县防贫办公室实施定向跟踪。二是防贫保障线。以上年度国家现行农村扶贫标准的 1.5 倍为限，设置防贫保障线，将低于防贫保障线的人群纳入防贫范围，经调查确认符合救助条件的发放保险金。魏县在积极减少贫困存量的同时，瞄准处于贫困边缘的"非贫低收入户"和"非高标准脱贫户"（以下简称"两非户"）两类临贫易贫重点人群，抓住因病、因学、因灾等致贫返贫关键因素，分类设置精准防贫标准和程序，建立近贫预警、骤贫处置、脱贫保稳精准防贫机制，用改革的办法防贫堵贫，控制贫困增量，从源头上筑起发生贫困的"截流闸"和"拦水坝"，从而消除非贫低收入户和非高标准脱贫户因病、因学、因灾等致贫返贫现象，构筑出独具特色的扶贫第二道坚固的"防火墙"。

在划定防贫警戒线的基础上，经过研究和探索，于 2017 年 10 月，由魏县县委、县政府与中国太平洋保险公司达成协议，合作创设"防贫保"，即由县政府出资 400 万元作为防贫保险金，按每人每年 50 元保费标准，为占全县农村人口 10% 左右的"两非户"购买保险，保障"两非户"在因灾、因病、因学致贫或返贫时，能够得到保险赔付。按照协议规定，保险金多退少补、余额结转，保险公司从保费收入中收取一定比例作为运营服务成本。"防贫保"最大的特点，是在防贫对象的选择上，不事前确定，不事先识别，而是以其家庭年人均可支配收入不高于上年国家贫困线的 1.5 倍标准进行框定。太平洋产险魏县支公司通过个人申报或人社、教育、民政三部门后台检测两种方式获取信息，并调查核实。为了保证防贫保险金发放的准确公正，太平洋产险魏县支公司设计了"四看一算一评议"的入户调查流程："四看"指的是看住房、看家用、看大件、看儿女，了解家庭成员构成、基本生活情况和主要经济来源等基本情况；"一算"指的是算收入，通过对被核查人、其家庭成员以及有抚养或赡养义务的亲属的收入进行核查，统一考量其家庭收入情况；最后，根据上述结果，太平洋产险魏县支公司对家庭情况进行整体评价，对是否符合防贫标准进行初步综合评估判断，并将调查结果反馈给魏县扶贫办或民政局。此外，对于"两非户"的创业，魏县还有着特定的金融支持政策。对于有创业需求的贫困对象，属于非高标脱贫户的，采用"小额贴息贷款"助其发展产业；属于非贫低收入户的，由县"防贫助业救助金"为其提供 2 年期无息创业助业金（2 万元以内），支持因户制宜发展特色养殖、高效种植、家庭手工业等致富产业，实现家庭生产经营性收入。

（四）产商结合：建构扶贫脱困的核心动力体系

扶贫不是一个短期问题，而是一个长期的发展任务。因此，扶贫应与扶智结合起来。单单给予贫困户物资是无法带动贫困户内生动力的，"授人以鱼"不如"授人以渔"，政府引导，增强贫困户的内生"造血"功能，才是精准脱贫工作的重点。提升贫困户摆脱贫困的能力，不仅可以增加贫困户的收入，保证贫困户的基础生活，还能减少贫困户返贫的概率。因此，魏县采取了"发展式扶贫"模式，在脱贫的过程中发展第二和第三产业，利用产业发展带动贫困人口参与生产，激发贫困人口内生动力，实现了双赢。在此过程中，魏县积累经验，建构起一套多元的脱贫动力体系。

1. 以本地特色产业为依托，以龙头企业为核心，盘活产业运营，为脱贫攻坚奠定坚实的基础。积极整合企业优势，发挥龙头企业重要作用。鸭梨是魏县脱贫支柱产业之一。为提升梨产业发展质量，2018年魏县引进密植梨优良品种，县财政整合资金，对从事密植梨种植的合作社、种植大户、贫困户给予树苗、土地流转等补贴。发展密植梨扶贫产业基地 43 家、面积 9576 亩，其中合作社（大户）种植面积3796 亩，建档立卡户自种 5780 亩，计划 3 年发展 3 万亩。魏县依托龙头企业，基地实行种植、管理、采收、品牌、销售五统一，确保群众收益。农户果品销售利润的 10% 作为企业技术培训、销售等服务费用，实现企业与农户双赢。由此可见，产业是稳定脱贫、持续增收的基础。摘帽之后，魏县巩固提升密植梨、食用菌等扶贫产业，新建扶贫产业园区 22 家，完善"龙头企业+合作社+村级组织+建档立卡户"长效带贫机制，带动 8600 多户贫困户稳定增收。

2. 充分利用"互联网+"模式，利用电商开拓农产品销售渠道，为脱贫攻坚开拓出新模式。2017 年初，魏县供销社与邯郸益道电子商务有限公司共同成立供销益道商城，打造自主经营的以"互联网+实体+新零售"为模式的电子商务平台。商城与 100 多家公司建立协作关系，上线商品达到 4000 余种，全县 450 多个村建立连锁超市，疏通了流通渠道，农民需要的生产资料和日用品可以顺畅送达。发展注册社员 5000 多户，以当地盛产的鸭梨、土织土纺布、梨木餐具等土特产品为主，实现网上交易，推动地方特色产业发展，促进农民增收致富。同时，魏县与北京乙太物联网有限公司合作，将建档立卡贫困户生产的农副产品、养殖的家畜以及手工制品等，纳入网上销售，已建立 7600 多个贫困户网店，成为解决销售"最初一公里"和消费"最后一公里"的有力抓手。

3. 依据县域经济点，创新金融模式，为贫困户自主脱困插上资金的翅膀。为解决农户贷款难，魏县供销社金融服务中心依托"政银社户保"，政府扶持，银企合作，仅 2019 年上半年就发放金融贷款 118 笔、525 多万元，实现了贷款农户生产规模扩大、收入增加、经营状态良好的目标。金融服务中心还在产业精准扶贫、农户精准脱贫中发挥作用，通过对全县贫困户进行星级评定，依托金融扶贫贷款平台，为 497 户建档立卡贫困户发放小额贷款 1789.4 万元。此外，魏县供销社下设多个服务中心，推出内容丰富的服务形式。东代固果树为农服务中心，为 1200 亩果树提供全程综合服务；双井农机联合生产为农服务中心，开展农机具经营、维修、租赁等服务，为当地小麦、玉米收割、加工、运输提供服务；车往粮食收储加工为农服务中心，不仅在种子提供、粮食收购、产品加工上提升经营规模，降低生产成本，还在农资供应、机械收割、面粉深加工上延伸服务链条，增加收入。

（五）民生为本：建立脱贫攻坚体系的基础制度集合

对于贫困人口而言，扶危纾困不仅包括衣食需求的基本饱足，还需要基本生计的长效稳定；不仅需要本代人能够获得一定的基本生存技能，还需要下一代有机会受到教育并改变生活面貌。因此，以民生为本的脱贫攻坚体系，应当是集产业、教育、居所、医疗和社会保障于一体的基础制度体系，如果欠缺了其中任何一环，都可能使扶贫攻坚及其成果难以为继。有鉴于此，魏县本着从地域维度和时间维度两个层面持续消除绝对贫困的目的，建构起一套相辅相成的脱贫基础制度体系。

1. 改善贫困户居住条件的易地扶贫搬迁制度。在魏县沙口集乡李家口村，村庄紧挨漳河，村庄在南北大堤之间，属行洪区地域。距今最近的一次洪灾发生在 1996 年，降水量达 800mm，严重危害李家口村村民的人身安全。为确保村民安全，魏县扶贫办制定易地搬迁政策，引导危险地区人民有序搬离。经扶贫部门 2018 年对搬迁对象进行动态调整，魏县"十三五"易地扶贫搬迁区域为漳河河道内 4 个乡镇的 12 个村庄，搬迁人口总规模为 21288 人，其中建档立卡贫困人口 2770 人。2018 年度已完成交钥匙 3358 人，其中建档立卡贫困人口 324 人。为推进易地扶贫搬迁工作顺利实施，魏县公布了 2018 年易地扶贫搬迁实施计划。其中对采取分散安置的建档立卡贫困人口，每人住房建设最低补助标准为 2 万元，签订拆除旧房协议的人均奖励参考标准为 1.5 万元。统筹考虑安置地水土资源条件、经济发展水平、城镇化进程，采取以集中安置为主、集中与分散相结合的安置方式，切实解决了漳河危险地带贫困群众的人居困境。对安置社区配套的基础设施和公共服务设施，按照"缺什么补什么"和"适当留有余地"的原则，同步规划施工，加快推进安置区路讯水电气及垃圾、污水处理设施，完善学校、老年公寓、卫生室及商业网点、便民超市、村民服务中心等公共服务设施，确保满足搬迁群众日常生活需求。

2. 保障农户最低生活的基础兜底制度。在扶贫过程中，魏县财政拿出 400 万元作为防贫保险金，按每人每年 50 元保费标准为全县 10% 左右的农村人口购买保险，谁有困难谁受益。在认定过程中划定了两条界线：一是依据教育、人社等部门对农村人口就医、就学等大数据分析，分类评定防贫预警线，将花费超过这条线的"两非户"纳入防贫重点对象；二是防贫保障线，将家庭年人均收入低于国家现行农村扶贫标准 1.5 倍的农户纳入防贫范围，对符合救助条件的发放补偿金。瞄准因病、因学、因灾三大重点，每类防贫对象在救助上划分不同区间给予救助。县、乡镇、村和保险公司四方联动，按照信息收集、调查核实、评议公示、审批备案、资金发放"五步工作法"，确保救助金及时到户。入户走访与大数据监测双管齐下，确保防贫对象救助全覆盖。自 2018 年以来，魏县救助防贫对象 863 户，发放防贫保险金 986 万元，未出现一例新增致贫返贫对象。

3. 教育扶贫阻断贫困代际传递。习近平总书记曾经指出："扶贫必扶智。让贫困地区的孩子们接受良好教育，是扶贫开发的重要任务，也是阻断贫困代际传递的重要途径。"[1]"治愚"和"扶智"，根本就是发展教育。相对于经济扶贫、政策扶贫、项目扶贫等措施，教育扶贫牵住了贫困地区脱贫致富的"牛鼻子"，是打好脱贫攻坚战的根本保障。农村的教育资源本身就不丰富，加之乡村教育花销大，使本身就不富裕的农村居民更是雪上加霜。因此，魏县希望通过教育扶贫的方式阻断贫困代际传递。在此过程中，魏县立足实际，切实做到幼有所育、学有所上，建立和完善从幼儿到大学各阶段资助政策体系。2018 年，学前教育阶段分春秋两季分别资助建档立卡家庭贫困

---

[1] 中共中央党史和文献研究院编：《习近平扶贫论述摘编》，中央文献出版社 2018 年版，第 133—134 页。

幼儿 1519 人、53.4 万元，1375 人、62.5 万元。义务教育阶段春秋两季分别资助建档立卡贫困寄宿学生 3975 人、223.7 万元，4090 人、231.3 万元。普通高中、中职阶段严格落实"三免一助"和国家助学金政策，其中春季为建档立卡贫困家庭学生 1202 名（高中 1061 名、中职 141 名）共免学费、免住宿费、免教科书费 81 万元，提供助学金 146.7 万元；秋季为建档立卡贫困家庭学生 1201 名（高中 1019 名、中职 182 名）共免学费、免住宿费、免教科书费 89.6 万元，提供助学金 145.6 万元。为 3169 名家庭经济困难大学生办理助学贷款 2400.6 万元，为 155 名家庭经济困难大学新生办理路费资助 9.8 万元，"泛海助学计划"资助学生 252 名、126 万元。此外，魏县财政还拿出 200 万元作为启动资金，广泛吸收社会资金，成立了"贫困家庭大学生资助基金"，对 177 名贫困家庭大学生给予专项资助 48 万元。实施"全面改薄"，坚持"补足短板、兜住底线"，通过以上措施使得全县义务教育办学水平全面提高，使建档立卡贫困户子女教育得到有力保障，解决了后顾之忧。

4. 解决贫困群众看病难的"四重保障"医疗制度。为了实行追踪式医疗，解决贫困群众看病之忧，魏县采取精准识别、建档立卡的方法，核准因病致贫、返贫家庭情况，一户一扶、一人一帮、一病一策。对于健康以及亚健康状态的贫困人群，以"治未病"健康工程为契机，定期组织医院专家教授开展"治未病"预防保健诊疗服务，减少或延缓相关疾病的发生。同时，采取"360 度"全方位医疗服务，保护贫困群众健康。定期或不定期组织县人民医院、县中医院、县妇幼保健院等医务人员进村入户开展"送健康下基层"活动，为高血压、糖尿病等慢性病患者进行随访及健康指导。

2021 年 2 月 25 日，在全国脱贫攻坚总结表彰大会上，习近平总书记庄严宣告：我国脱贫攻坚战取得了全面胜利！[①] 在党中央的坚强

① 习近平：《在全国脱贫攻坚总结表彰大会上的讲话》，人民出版社 2021 年版，第 1 页。

领导下，一批批贫困县摆脱了贫困，走上了乡村振兴的道路，这不仅体现了社会主义制度的优越性，更体现了党的总揽全局协调四方的关键地位。在过往的岁月里，魏县坚持以习近平新时代中国特色社会主义思想为指导，以脱贫攻坚作为全县最大的政治任务和民生工程，围绕解决好"扶持谁、谁来扶、怎么扶、如何扶、如何退、怎样防"，凝聚各方力量，打好组织推动、精准识别、产业就业、基础设施、易地搬迁、政策保障、抓党建促脱贫以及后续帮扶精准扶贫等八大硬仗，使脱贫攻坚取得决定性胜利。在此过程中留下了宝贵经验与重要启示，为魏县未来的发展提供了坚实的物质和精神基础，魏县在乡村振兴的道路上必将越走越快，发展得越来越好。

第二章

产业扶贫：三产并举夯实脱贫基础

　　产业扶贫是中国特色扶贫开发模式的重要特征。《中华人民共和国国民经济和社会发展第十三个五年规划纲要》指出，要创新扶贫开发方式，根据致贫原因和脱贫需求，对贫困人口实行分类精准扶持。[①] 同时把特色产业扶贫放在脱贫攻坚八大重点工程之首，可见产业脱贫在脱贫攻坚中的重要地位。2016 年，农业部等九部门联合印发的《贫困地区发展特色产业促进精准脱贫指导意见》指出，发展特色产业是提高贫困地区自我发展能力的根本举措。产业扶贫涉及对象最广、涵盖面最大，易地搬迁脱贫、生态保护脱贫、发展教育脱贫都需要通过发展产业实现长期稳定就业增收。[②] 乡村产业发展是打赢脱贫攻坚战的主要手段之一，是变"输血"为"造血"、变"外部助力"为"内生动力"的治本之策，更是解决乡村劳动力就业、促进人才返乡的主要手段。党的十九大提出要实现"产业兴旺、生态宜居、乡风文明、治理有效、生活富裕"的目标，产业扶贫作为发展乡村产业的重要途径，是实现产业兴旺的重要内容。

　　脱贫攻坚战打响以来，魏县充分立足资源禀赋，多措并举，三产发力，有效夯实了脱贫基础。为确保扶贫成效，魏县不搞"一刀切"式的产业投入，也不搞"撒胡椒面"式的平均主义，而是根据不同的乡情、村情、户情，因地适宜、因村因户施策，选择适合贫困户长

[①] 《中华人民共和国国民经济和社会发展第十三个五年规划纲要》，人民出版社 2016 年版，第 136 页。

[②] 《农业部等九部门联合印发〈贫困地区发展特色产业促进精准脱贫指导意见〉》，2016 年 5 月 27 日，见 http://www.gov.cn/xinwen/2016-05/27/content_5077245.htm。

远发展的产业扶贫模式。对有劳动能力的贫困户，魏县通过扶贫资金、长期订单、劳务就业、公益岗位等方式，增加其经营性收入；对没有劳动能力的贫困户，采取土地流转托管、股份合作、资产收益等方式，增加其资产性收入和股金收入。截至 2019 年，魏县密植梨、食用菌、甘薯及其他特色种养产业和扶贫微工厂等产业扶贫项目已实现贫困村、贫困户、贫困人口全覆盖，贫困群众脱贫质量稳固提升。对于资产收益项目，明确收益分配方式，鼓励实行差异化分配，防止出现"一股了之"现象。同时，鼓励向丧失劳动力或弱劳动力的建档立卡户、贫困残疾人户进行政策性倾斜，对于有劳动能力建档立卡户设置公益岗位，防止产业扶贫的"泛福利化"。根据脱贫情况适时开展受益对象动态调整，调整出的资产收益权，分配给其他符合条件的建档立卡户，或收回村集体用于发展村级公益事业。家庭手工业和设施种植项目，直接补贴到户，健全建档立卡贫困群众参与机制和利益分享机制，推广"保底收益+按股分红"等模式，切实保障村集体特别是建档立卡户的收益。较之单一的扶贫工作，魏县的产业发展更是发挥了"防贫"的功效，产业不断发展，多种类型的产业保障了村民的基本生活，真正做到了"让农民想干活的有活儿干，想挣钱的有钱挣"，帮助村民逐渐实现财富积累。

一、扶贫微工厂：破解人地矛盾的乡村制造业

"贫困县"，这顶帽子戴在魏县头上已有 30 余年。魏县在 1983 年被确定为县域经济欠发达、居民收入较低、整体竞争力较弱的贫困县；1986 年被列入第一批国家级贫困县；1994 年列入国家"八七脱贫计划"；2002 年被列为新时期国家扶贫开发工作重点县；2010 年又被列为新一轮国家扶贫开发工作重点县。

从地理空间环境来看，魏县地处太行山山麓漳河冲积区，属华北台南段宁晋断陷区。20 世纪 80 年代时魏县地貌主要由故道缓岗、二坡地、河间洼地、河漫滩、决口冲积堆和决口扇形地组成。这其中，缓岗（多为漳河故道自然堤，一般高出地面 0.5—0.8 米，由漳河主流沉积而成）约占全县土壤面积的 9%；二坡地（分布在缓岗的两侧，形成了面积较大的二坡地）约占全县土壤面积的 66%；河间洼地（地面比周围低 0.5 米左右，地势低洼平缓易涝）约占全县土壤面积的 18.5%；河漫滩等（多为沙壤土和沙质土）约占全县土壤面积的 6.5%。魏县共有耕地 63585.5 公顷，占全县土地总面积的 74%。人均耕地 1.3 亩，低于对比县、河北省和全国的平均水平，人多地少的矛盾较为突出。主要种植玉米、小麦等粮食作物。由于土壤水利条件差、大部分土地盐碱较重、农业基础设施落后、科技技术水平低等原因，农业资源禀赋不占优势。

基于魏县人地矛盾突出的历史及现实情况，立足劳务输出大县、农村留守妇女等半劳力多的实际，扶贫微工厂应运而生，成为助力魏县脱贫攻坚的主要力量之一。扶贫微工厂作为魏县解决农村半劳力就业、带动贫困群众稳定脱贫增收、加快脱贫攻坚步伐而采取的一项创新举措，也被列为《中国脱贫攻坚 100 计》第 1 计，称之为扶贫"魏"工厂当之无愧。魏县紧紧围绕"产业全覆盖，就业全保障"目标，紧抓北京、雄安等地劳动密集型加工企业陆续外迁机遇，支持和鼓励在外务工人员回乡创业，创办扶贫微工厂，大力发展箱包、服装、毛绒玩具、土纺土织等加工产业，让农村半劳力、弱劳力在家门口就业，实现群众增收、村集体增益、企业增效、产业增强四方受益的产业化扶贫新格局。截至 2019 年，全县发展扶贫微工厂 185 家，带动就业 1.4 万余人，其中贫困人口 6000 余人，实现增收 8000 多万元。

（一）以扶贫微工厂带动就业

魏县外出务工的青壮年大约 30 万人，大量老人、妇女和儿童留守农村，一批农村留守妇女成为有时间、有精力但缺技能、缺信息的"半劳力"群体，尽管她们有着强烈的就业愿望，但缺少适合的就业机会，因此主要经济来源为农业生产经营性收入。魏县的扶贫微工厂和庭院经济技术含量相对较低，便于留守妇女和老人参与其中，正好满足了妇女和老人的就业需求。魏县开展的农村电子商务、密植梨种植、扶贫产业园区等也吸引了大量青年返乡，进一步拓展了当地产业扶贫覆盖面。

为促进扶贫微工厂健康发展，魏县建章立制，层次化激励参与扶贫微工厂建设的企业；集中优势，聚焦衣物和毛绒制品行业。按照《魏县扶贫微工厂管理暂行办法》，每个入驻扶贫微工厂的企业，带动贫困人员原则上不少于 10 人，且贫困人员占用工总人数的 30% 以上。建设面积 400m² 左右的扶贫微工厂，要求缝纫机等加工设备不少于 40 台，用工人数不少于 50 人；建设面积 600m² 左右的扶贫微工厂，要求缝纫机等加工设备不少于 60 台，用工人数不少于 70 人；建设面积 800m² 左右的扶贫微工厂，要求缝纫机等加工设备不少于 80 台，用工人数不少于 95 人；建设面积 1200m² 左右的扶贫微工厂，要求缝纫机等加工设备不少于 120 台，用工人数不少于 140 人；建设面积 1600m² 左右的扶贫微工厂，要求缝纫机等加工设备不少于 160 台，用工人数不少于 180 人。

"全劳力可以到外面打工，工资还高，但像半劳力，就鼓励在工厂就业，一年人均收入 1.8 万元。微工厂不像大的工厂，它比较灵活：第一，时间上比较自由，啥时候有时间啥时候来工作，在家里走不开的还可以把东西带回家里去生产，反正是计件工资。第二，都是流水线，技术含量比较低，培训两天就可以上岗了。第三，微工厂主要生产加工服装、毛绒玩具，主力是年轻妇女，但是像剪剪线头、叠叠衣服、订个扣子，年龄大的也可以干。在城市里，60 岁以上就退休了，而在农村都还可以干点活儿，打扫卫生、装车都可以。所以说扶贫微工厂完全可以带动60 岁以上的老人就业。像毛绒玩具，充完棉以后，封口要用针线缝上，这个 70 岁、80 岁的人都可以干。以前我们有个工厂生产螺丝，把螺帽和螺丝拧到一起，这个 80 岁、90 岁的老人都可以干。如果没有微工厂，这些人也就是打打麻将、唠唠闲嗑，但是到了微工厂，第一，沟通了感情，减少了邻里之间的矛盾；第二，增加了收入，打麻将还有可能会输几块钱，但是在微工厂或多或少都会挣一些钱，心里会非常高兴。这是我们扶贫微工厂的主要作用，我们微工厂的工人，有建档立卡贫困户也有非建档立卡贫困户，人数达到 6000 余人，建档立卡贫困户有 2540 余人。"

——2019 年 7 月，魏县扶贫微工厂访谈录

看似简单的扶贫微工厂，却呈现出极强的技术适应性，经过简单培训的农村"半劳力"成为扶贫微工厂的主力军，能够很好地兼顾家庭照料与收入增长。同时，企业在魏县开办的扶贫微工厂在降低成本、服务地方经济社会发展方面作出了有益探索。可以说，扶贫微工厂在经济效益与社会效益之间找到了双赢的交汇点。

（二）以乡村创业带动产业发展

针对农村留守群体的半劳力多、增收难这一现实，魏县县委、县政府积极创新，提出"以创业促就业"的发展思路，鼓励支持各乡镇、村庄通过"内联""外引"等形式，本着"就业门槛低、工作易上手"的原则，大力发展箱包、服装、毛绒玩具等劳动密集型加工

产业，按照"一村一品"的发展思路进行重点扶持。所谓"内引"，即县乡合作，由乡村出面，主动联系，协商洽谈，与县内服装等加工企业建立合作，从事产业代加工。例如，以沙口集乡为试点，采取统一规划、统一设计、统一标准、统一标识、统一补助，创新发展扶贫微工厂建设，实施"引凤还巢"工程，吸引魏县籍在外人员回乡回村创业，短短几个月，全乡引进家庭手工业项目 29 个，从业人员 502 人，其中贫困人口 201 人，人均年收入 1.8 万元，示范带动效应明显。针对一些有劳动能力的贫困户，积极组织引导到开发区就业及利用创业孵化基地实施创业，并强化技能培训，促使他们由体能型向技术型、由务工型向创业型转变，提高其工资性收入，实现"一人务工、全家脱贫"。鼓励和支持搬迁社区发展劳务密集型企业，通过改建闲置校舍、厂房、个人闲置住房等，引导企业将分散加工的生产车间建在乡村、搬迁安置小区，利用扶贫微工厂（车间）等形式组织搬迁贫困劳动力就业。推动乡镇和村庄党员干部利用招商引资信息库，与魏县籍在外从事箱包、服装等加工行业的企业家群体积极联系对接，邀请回乡办厂，搭建起脱贫致富的"大舞台"。一系列举措打开了魏县产业扶贫新局面，贫困半劳力在家门口就业增收，闯出了一条群众增收、村集体增益、企业增效、产业增强一举四得的产业化扶贫新路。

案例："打工仔"变"老板"

沙口集乡刘屯村村民韩海超，长期在河北白沟一家箱包厂打工，在扶贫微工厂政策感召下，主动带着技术和订单回村创业，租用村内现有厂房发展箱包制作，个人月收入由原来在外务工时的 3000—4000 元，变为现在 1 万余元，实现了由"打工仔"到"老板"的华丽转身。

"每个月能挣两千多，还能随时回家照顾老人带孩子，日子越过越好了！"2019 年 8 月 27 日上午，魏县富农服装有限公司的一名女工一边缝制衣服一边高兴地说。她家里上有老下有小，以前，出门打工老人没人照顾，孩子留在家里又舍不得，在外地上学学费贵入学难，所以赋闲在家照顾老人小孩，丈夫一个人在外地打工挣钱，收入来源单一，日子过得十分拮据，还常常因为生活琐事和婆婆闹矛盾。自从村里建起了扶贫微工厂，附近很多像她一样的留守妇女告别了串闲门、唠闲嗑，斗地主、打麻将的生活，成了"上班族"。

走进富农服装厂所在的扶贫微工厂车间，一厂厂长赵瑞冀介绍："我原来在外地服装厂打工，负责小组的生产。听说县里统一在村里建设扶贫微工厂的事儿之后，特意回乡创业。干的活和在外地一样，面对的都是乡里乡亲，每天都能回家吃饭，感觉很亲切！"据了解，富农服装厂所在的车间原来是一处废弃坑塘，垫平后建起了两栋两层厂房，共四个车间，使用面积 $1600m^2$。四个车间主要从事服装、箱包、马甲的制作，承接的是来自欧洲、亚洲、非洲的订单，大多是一些简单缝合、安装之类的手工活。带动就业 160 多人，其中贫困人口 58 人，人均年收入 2 万元以上。在扶贫微工厂 2 号厂房内，一位下半身残疾的老年人在紧张地忙碌着。车间负责人介绍，工厂的活简单易上手，谁都能干，按件计工资，大家的工作热情都很高。

扶贫微工厂的设备采购、人员培训都可以享受扶贫资金补贴，大大降低了创业门槛和经营风险。农户在家门口就能上班，企业经营几乎零风险，招纳培训贫困户工人有补贴，回乡创业的个人和农户都能致富。$400m^2$ 厂房年租金 1 万元，企业 30 多名员工中有 18 位贫困户，每吸纳 1 名贫困户政府补贴 500 元，补贴资金基本抵消了房租。入户扶贫资金用于采购加工设备，贫困户以设备入股，为返乡创业者省去了大部分设备投入，也增加了返乡创业者雇用贫困农户的积极性。

扶贫微工厂，不仅实现贫困群众"零距离"就业、返乡人员"零风险"创业，还使村集体"零成本"收益，正像富农服装厂门口的宣传牌上写的那样："工厂建在家门口，打工不再往外走；政府铺就致富路，足不出村能致富。"

扶贫微工厂采取"村建、企用、乡管、县补"运营模式。其中奖补资金筹集和使用是重中之重，奖补资金主要来源于统筹整合财政涉农资金，并实行对村、对企"双补助"。一是对村集体投资新建、改建扶贫微工厂的，实行全额补助，分三年补助到位，所形成资产及资产收益归村集体所有；二是对入驻企业，每吸纳一个贫困工人每年补助 500 元，贫困工人使用的加工设备还可享受最多 100% 补助。优惠政策一经推出，全县迅速掀起微工厂建设热潮，短短四个多月建成近 170 家。紧紧把握"宜建则建""宜改则改""宜租则租"三项原则，因村制宜，灵活创建，探索推行了三种建设模式。

一是"从无到有"新建模式。针对一些没有集体资产无条件为加工企业提供生产厂房的村，经村申报、乡审核、县审批同意后，可在村集体土地或租用闲置宅基地上新建扶贫微工厂，并享受"先建后补"扶持政策。如沙口集乡刘屯村，根据发展需要，利用村内废弃坑塘，建成两座两层扶贫微工厂，总面积 1600m²，引进 3 家服装加工企业，吸纳 160 多人就业，其中贫困人口 58 人。政府利用扶贫资金全额投资，分三年拨付：第一年拨付建设资金的 80%，后两年确保工程质量不出问题，第二年、第三年分别拨付 10%。建设资金是投标公司先行垫付，完工之后再拨付资金。工厂归村集体所有，向外租赁，是村建、乡管、县投资，企业零风险，群众零距离就业，企业增效，村集体受益，同时解决能人大户回乡创业的资金问题、厂房问题，带动产业发展。企业带动一个贫困户稳定就业半年以上，通过就业合同等依据核实，可申请一次性就业培训补贴 1000 元/人。带动超过 10 个贫困户或贫困户工人超过总人数的 30%，都可以申请培训补贴，如果企业一年带动 20 个贫困户，那就足以抵消一年的租金。

二是"盘活资产"改建模式。鼓励乡镇或村集体利用闲置校舍、厂房等集体资产、资源，按需求进行改建，并统一悬挂"扶贫微工厂"标识，同样享受"先建后补"扶持政策。如牙里镇楼东村将废弃多年的学校改造成扶贫微工厂，生产毛绒玩具，面积达 2000m²，全部租给在雄安新区从事毛绒玩具生产经营的村民赵雪方，不仅村集体每年有了 3 万元租金收入，也带动贫困劳动力 30 余人就业。

三是"借用现房"租赁模式。对租用的加工点，凡是带动贫困家庭就业 10 人以上的，经验收达标后，挂牌转化为扶贫微工厂，实行统一管理，享受相关政策。如大马村乡二马村、西八里等村有长期代理加工箱包业务，但随着生产规模扩大，场地亟须扩建。乡村干部结合该乡外出务工人员多、闲置住宅多的实际，积极与符合条件的房产所有者进行联系，征得同意并经县乡联合验收后，适当改造，挂牌转化成两座扶贫微工厂，拥有生产设备 60 余台，每日出货量达 3000 余件，吸纳 50 多名贫困群众就业。

截至 2019 年，全县发展扶贫微工厂 185 家，其中新建 81 家、改建 39 家、租用 65 家；带动就业 1.4 万余人，其中贫困人口 6000 余人，实现增收 8000 多万元。

案例：小小微工厂　蕴含大能量

在魏县前大磨乡连枣林村，四五辆拉货的车辆排列有序地停放在该村两座崭新的微工厂旁，正等待装车发往北京、山东、上海等地。微工厂内一片繁忙的景象：工人们正按照操作流程一丝不苟地从事箱包制作，忙碌而又秩序井然……这是魏县扶贫微工厂的一个缩影，也是前大磨乡发展产业扶贫的一个缩影。由政府出资、乡镇管理、村委所有、工厂租用的微工厂和家乡充足的劳动力，让原本扎根在白沟的王俊波感受到了返乡创业的和煦春风和带贫增收的满载荣誉。

该乡爱心箱包微工厂以生产箱包为主，现有工人 72 名，带动建档立卡贫困人口23人，年生产箱包30万个，营业额达500万元，员工平均月收入在2200元以上，实现了"培训一人，就业一人，脱贫一家"。爱心书包微工厂凭借着用工、用地等成本优势和高质量的产品，赢得了应接不暇的外贸订单，还注册了自主箱包品牌（"卜客"），开发了邯郸成语典故系列书包，开设了网店，实现了线上线下同时销售，更是在附近乡村赢得了带贫工厂的美誉。

扶贫微工厂取得了巨大的成效，主要表现在：

第一，贫困户实现了无障碍就业、多形式增收。由于扶贫微工厂属劳动密集型小企业，技术含量和劳动强度相对较低，非常适合留守妇女等半劳力群体。同时，由于工厂位于村内，等于把城市的大企业的部分生产环节搬到了村庄，给村民提供了在家门口打工挣钱的机会和门路。比如家住沙口集乡北辛庄贫困村的村民籍俊红，在本村一家扶贫微工厂从事灯饰加工。作为一般熟练工，在不影响照顾老人和孩子的前提下，每天可挣80元工资，现在的她干劲十足，对脱贫致富充满了信心。农村妇女就近就业不只创造了经济效益，更能从内心深处激发她们脱贫致富奔小康的动力。魏县脱贫攻坚案例调研课题组曾就"投入产出收益率"算过一笔账。以占地面积400m²的微工厂为例，新建或改建成本每平方米在800元左右，政府投入大约30多万元。收益方面，微工厂一般带动贫困人口10人以上，每个人的月工资平均按1500元计算，一年收入1.8万元，10个人就是18万元，两年就是36万元，政府30万元的投入换来了群众36万元的收入。由此可以看出，就业扶贫的收益率要比其他扶贫项目来得更快、更直接。

"我们魏县是人口大县，在外打工的应该有30万人，在家的都是妇女、老人，青壮年都出去了。为了照顾老人妇女，把微工厂建在家门口，方便他们就业。这个缝纫机分配方式有两种：一种是直接大户加工。就是说我有这个意向去扶贫微工厂打工，我需要一台缝纫机，咱们就给她配一台缝纫机，或者是我家里有小孩、有老人，出不去，我想把原料拿回家里加工，那微工厂就计件回收。还有一种是资产收益扶贫。比如说村里面有一个微工厂，这个微工厂正好需要缝纫机，我们可以以村集体的名义进行申请，比如申请 50 台是 10 万块钱，那你就每年给村集体 1 万块钱的租赁费，村里就可以用这 1 万块钱对无劳动能力的进行照顾，这是资产收益扶贫。"

——2019 年 7 月，魏县扶贫微工厂访谈录

第二，微工厂实现了低风险生产、多渠道增效。微工厂多为来料加工的订单生产模式，其产前投资、产中技术及产后销售等高风险环节由提供来料的大企业承担。企业在生产、管理等方面有着丰富经验，风控能力较强。而微工厂建在村庄，用工购机享有补助，加之农村富余劳动力较多，因此生产成本较低，效益较高。比如魏县院堡镇院西村村民张红林，依托与威海幸星电子有限公司建立起来的稳固关系，开办了洪涛电子厂，固定用工 80 余人，专门生产 LG 电器连接线，日生产能力 2000 条。他算了一笔账，当地用工 80 人，带动贫困人口 28 人，按熟练工计件，月工资每人 2000 元。如果相同规模在威海办厂，人均月工资在 4500 元以上，工资高一倍还多，仅此一项，每月就节约开支 20 万元；再加上贫困用工补助每人每年 500 元，28 人又可拿到补助 1.4 万元。

第三，村集体实现了可持续壮大、多方面增益。扶贫微工厂建成后由财政资金全额补贴，所形成的资产归村集体所有。此外，按最低建设面积 400m² 的标准，村集体建成一处扶贫微工厂租给加工企业，每年可获益万元以上，村集体收入有了保障，也有了为群众搞服务、促增收、帮脱贫的资本。

第四，实现了致富带头人园区化培育、多平台创业。扶贫微工厂的建设与发展也对全县"一乡一业""一村一品"产业基地构建起到积极的推动作用，为在外务工人员返乡创业、致富带头人带贫扶贫提供了新的平台。在扶贫微工厂发展较早的沙口集乡，乡村党员干部带头招商引资，打造家庭手工业专业村7个，初步形成了"大屯、刘屯、集东服装加工，岗上箱包加工，北辛庄灯饰加工，河沟、郑二庄毛绒玩具加工"的发展格局。全县在外务工人员回乡创业的达302人，形成了一批留得住、干得好的致富带头人队伍。

二、量资入股：拓宽财产性收入来源

如何在规范的基础上提高扶贫资金使用效率，更大程度上发挥扶贫资金效益，是脱贫攻坚过程中面对的难题之一。为了提高扶贫资金使用效率，明确财政扶贫资金使用、收益、分配的范围，进一步推动脱贫攻坚进程，魏县将扶贫资金量资入股企业，形成固定资产，由企业按照规定支付贫困户分红收益，以此解决贫困户致富能力差、企业融资难的问题，最终实现带动扶贫对象就业、脱贫增收，达到效益扶贫的目的。魏县县委、县政府创新做法，整合部分涉农资金，优选经济实力强的农业产业化龙头企业，采取村集体股份和贫困户权益入股，推行以资金变资产、资产变股权为主要内容的量资入股模式，吸纳扶贫资金量资入股分红，使贫困户直接受益。2016年开始，对口公司吸收县安排量资入股资金500万元，公司为全县500户建档立卡户每户年均分红1000元，涉及全县4个乡镇19个村；2017年、2018年分别吸纳县量资入股资金1000万元，覆盖全县1000余户建档立卡户，每户年均分红1500元，涉及全县11个乡镇95个村。截至2018年底，量资入股分红资金共计380余万元，全县1500余建档立卡贫困户从中直接受益，增加了家庭收入。

具体而言，"量资入股"是指将资金额度量化到贫困户，由相关部门将资金入股到市场前景较好、发展能力强、企业效益稳定、贫困户分红有保障的企业，资金收益用于贫困户或具有其他优势资源的经济组织。建档立卡贫困户（其中无劳动能力、无经济来源、无致富门路的"三无"贫困户优先安排）量资入股标准原则上每户1—3股，每股对应5000元，扶贫部门向贫困户发放量资入股权益证书，贫困户不参与入股企业的经营管理。入股企业明确收益分配方式，确保贫困户年均分红比例原则上不低于入股资金的10%。入选的企业对患慢性病、残疾等弱劳力群体，通过安排护林员、保洁员等公益性岗位，每人（户）每年分红3600元；对无劳动能力的贫困人口直接进行分红保障，年收益稳定在1500元。量资入股的贫困户原则上1—3年重新筛选认定一次，贫困户达到脱贫标准后，不再享受收益分红，并将该权益重新分配给其他符合条件的贫困户。要求入股企业把贫困户利益及入股资金安全放在首位，因不可抗力因素造成企业亏损或者破产的，须按照有关规定进行清产核资，优先保证入股资金不受损失。如果村委会有适合本村发展的产业项目，可在协议到期前2个月向乡镇申请收回量资入股资金，乡镇同意后，报请县扶贫办，县扶贫办报请县扶贫开发领导小组研究通过后方可申请收回量资入股资金，利用量资入股资金发展的产业项目须与贫困户建立利益联结机制。

量资入股是魏县在2017年的独创性工作。原来是股份制项目，5000块钱让贫困户入股，但是在发展过程中发现了一些问题，比如当时给了贫困户5000块钱，在后来识别过程中发现有人员死亡或者脱贫以后，没有动态调整，给了他就得一直给他，脱贫之后还是他的。后来县委、县政府负责同志下乡调研后，开始实行量资入股方式。就是挑选一些大型企业，把扶贫资金注入企业，实行保底分红，企业自负盈亏，按投入资金的10%进行分红，也就是企业每年拿出 200 万元用于分红，无论企业是否盈亏。乡镇村上报贫困人员，对无劳动能力的人员，根据贫困情况，每年分红大概 1000—1500 元不等；给半劳动能力人员设置公益性岗位，包括护林员、治安员、保洁员等，每人每年分红3600 元，这个钱都是来自企业分红。我们对贫困户会进行调整，今年确定的这些人，明年乡镇村召开民主评议重新评选。注入的资金是村集体的，分红的资金也是企业给村集体的，企业和村集体之间有协议，根据贫困户多少进行量化，如果下一年贫困户减少，那么剩余的资金就会用于村庄基础设施建设。

由于 10% 的分红比例和企业在银行贷款的利率差不多，或者比银行的更合适，所以企业也愿意接受政府量资入股的方法。以前的资金整合是能整尽整，现在是因需而整。当然，政府也会考虑企业的风险问题。市场经济不易把控，谁也说不好明天什么情况。现在协议上面是用企业资产或者夫妻双方的资产进行担保，对于扶贫资金来说，企业只能盈不能亏。因此建立一个可行的风险防控机制还是很重要的。

——2019 年 7 月，针对魏县量资入股实践的访谈记录

针对弱劳动能力和无劳动能力的特殊贫困群体，魏县主要通过量资入股股份合作、光伏扶贫等模式提供公益性岗位和收益分红发放，使贫困村、贫困户实现收入兜底，贫困人口产业扶贫全覆盖。对一无劳力、二无技术的家庭，重点采取政策兜底进行保障，除帮助其办理低保外，重点实施量资入股、光伏扶贫获取分红，增加收入。其中，对弱劳动能力贫困户，一般安排其担任村内治安员、民调员、保洁员等，通过其力所能及的劳动获得收益，营造"扶贫不扶懒汉""劳动高尚、脱贫光荣"的良好氛围。"授人以鱼"不如"授人以渔"，为使贫困户掌握一技之长，拥有向贫困挑战的资本，激发他们自我发展、自我脱贫的内生动力，每次在招收工人时，实行贫困户优先，能

安排贫困户的岗位全部进行安排，并对贫困户劳动力定期免费进行培训。

三、特色农业：食用菌产业助力脱贫攻坚

魏县有着30多年的食用菌种植历史，是"河北省食用菌之乡"，食用菌产业与鸭梨产业、甘薯产业被列为农业"三大主导产业"。魏县蔬菜播种面积14.5万亩以上，其中设施蔬菜播种面积8.2万亩以上，高端蔬菜4.6万亩。食用菌以杏鲍菇、果木香菇等为主，产业园区总面积达到8000亩以上，产业扶贫覆盖全县乡镇22个、贫困户8000户。

魏县的食用菌生产已经从一家一户个体经营趋向组织化、合作化、规模化经营发展，建成以河北绿珍食用菌有限公司、邯郸市浩弘食用菌有限公司、魏县福来食用菌专业合作社等企业为龙头的食用菌产业园5处，魏县科农种植专业合作社、魏县绿参黄秋葵种植专业合作社、邯郸华瑞农业科技等企业为龙头的特色蔬菜产业园3处，邯郸市博浩科技等企业为龙头的特色甘薯产业园1处。魏县有着丰富的果木资源，是"中国鸭梨之乡"，每年剪枝生产大量梨树枝，梨树枝粉碎后作为基料制成香菇棒，出菇品质好、周期长、效益高，梨木香菇已得到市场认可且独树一帜，具有很强的市场竞争力。自2016年以来，仅在车往镇就规划发展香菇等优势特色产品近1万亩，280余个香菇大棚。

魏县采取劳资合作、订单生产、集约经营方式，大力实施以"依托一个企业（组织）、选准一个品种、用好一个能人、建成一个园区、培育一方产业、带富一乡群众"为主要内容的"六个一"带贫扶贫机制，带动贫困户稳定脱贫、持续增收。按照"资金跟着穷

人走，穷人跟着能人走，能人跟着产业走，产业跟着市场走"的"四跟四走"扶贫路径，通过县委、县政府"主导式"推动，企业理念"嵌入式"经营，农户主体"捆绑式"参与，涉农资源"整合式"投入，构建利益共享、风险共担、协调联动的产业发展共同体，加快推动生产要素聚集，培育壮大特色主导产业，释放"1+1>2"的聚合增益效应，保障农民实现稳定增收。计划利用1—3年时间，力争达到"乡乡有扶贫园区、村村有主导产业、户户有增收项目"的目标。

依托绿珍、浩弘等龙头企业，优选食用菌等生产周期短、成本低、见效快的优势产业，结合庭院经济投资小、见效快、风险低等发展特点，充分利用农户房前屋后的闲置土地，发展各具特色的庭院种植、养殖业，把农家庭院的"方寸地"建成农村半劳力群体脱贫致富的"增收园"。沙口集乡、边马乡等乡镇已建成庭院大棚300余个。依托冀南绿珍、梨木香菇、杏鲍菇等精特品种发展，开展万亩食用菌基地创建，扩大食用菌产业链。同时采取"公司+基地+农户（贫困户）"方式，推进食用菌工厂化种植及产业化发展，加强产业工人培育，促进农村青年劳力技能提升、收入提高。

案例：绿珍"菇"舞冀南

沙口集乡与河北绿珍食用菌有限公司开展合作，依托河北工程大学等高校技术支持，试点种植加培训推广，将企业工厂化生产杏鲍菇的二茬底料再利用，帮助贫困户建立庭院杏鲍菇温室大棚。大棚里安装了智能温度、湿度计，绿珍食用菌公司技术人员经常前来技术指导。经过精心管理，20多天后，首茬杏鲍菇采摘销售，收入3500多元。

扶贫不仅仅是简单的救济米面油，更重要的是让困难群众有产业、有活干、有钱花，树起昂扬向上的精气神。这是河北绿珍食用菌基地推广庭院经济扶持模式产业扶贫的一个例子，也是魏县大力发展智慧农业提升产业扶贫实效的一个缩影。小小的杏鲍菇让很多贫困农家种上脱贫增收的"摇钱树"，更树立起昂扬向上的精气神。

河北绿珍食用菌有限公司作为省农业产业化经营重点龙头企业，是一家集工厂化杏鲍菇、雪耳种植、生产加工为一体的现代化高效农业生产企业。采取"公司+基地+农户"经营模式，大力推行新品种、新技术，产品有杏鲍菇、鲜雪耳、银耳饮品系列、银耳面膜系列、杏鲍菇酱系列等多个系列产品。

该公司秉承"创新进取、真诚奉献"的发展理念，积极践行社会责任，多形式建立与贫困户之间的利益联结机制，大力推行新品种、新技术，实现经济效益与社会效益的"双提升"，取得了较有实效的帮扶经验。

其一，量资入股资金提高农村无（弱）劳动能力群体分红受益。在保证 2016 年既有 100 户入股建档立卡户每户年均 500 元分红的基础上，2017 年，以其良好经营，吸纳扶贫量资入股资金 1500 万元，覆盖全县建档立卡对象 1000 户，每户年均分红 1500 元。通过免费提供菌包帮助贫困户发展庭院经济，带动 300 余户贫困户每户年均创收 2 万元左右。同时，聘用贫困劳动力 76 人，每人月均增收 2000 元左右。

其二，绿珍食用菌园区通过村委会从群众手中流转土地，采取"五统一"模式管理，统一流转土地、统一建棚模式、统一技术指导、统一品牌经营、统一收购销售，鼓励群众包括贫困户通过自营或者托管方式入股，实现企业、村集体和农户三方受益扶贫。园区青年业主郭长城就是其中受益的一个农户，他说："园区一个大棚占地 1 亩多，投放菌棒 1 万棒，年实现收益 5 万元以上，利润可在 2.5 万元左右呢！"

其三，指导庭院经济发展，增加农村半劳力群体生产经营性收入。免费提供并指导贫困户利用自家闲置房舍发展庭院经济，绿珍公司提供技术、销售支持，农户利用蔬菜大棚、庭院大棚发展食用菌种植，以及利用农产品下脚料（如玉米芯、果木枝条等）种植食用菌，变废为宝使农民增收。绿珍公司无偿给贫困户提供废菌棒的举动，已在魏县产生示范效应，吸引了更多贫困户加入种植杏鲍菇的行列。截至 2019 年，绿珍食用菌公司已经为 30 多个贫困户提供废菌棒 50 万个，每户月纯收入可达 4000 元左右。

其四，加强新型产业工人的培育。在绿珍食用菌技术专家进行安全生产、技能培训的同时，电商服务中心的工作人员还帮助企业员工开展电商普及和电商技能培训，帮助企业开通微店等，了解电商应用，促进农村青年劳力技能提升，工资倍增。以提升科技发展能力和创新水平为目标，不断强化技术工人业务培训。公司现有熟练工人 160 余人，其中贫困劳动力 76 人，月均增收 2000 元左右。

案例：帮扶前后变化大

沙口集乡刘屯村贫困户王张凤老人身体残疾，老伴牛雪堂、儿子牛社平均身患疾病，家中劳动力少，生活艰难。在驻村工作队的帮扶下，发展了庭院式蘑菇种植业，实现稳定脱贫。王张凤现在的家，拉起了院墙，安上了红色的大门，院里铺上了大方石便道砖，生活用品一应俱全，里里外外焕然一新。而以前，王张凤的家是没有院墙，院里坑坑洼洼，墙面更是脏得没法看，家里没有一样像样的家具；一遇雨天，屋里漏雨，屋外难以下脚；本身残疾，孙子、孙女上小学，儿媳离家出走，儿子牛社平因病一蹶不振……

2017 年 11 月，在县乡村干部的帮助下，利用王张凤家后面的空地建起温室大棚，由魏县绿珍食用菌公司免费提供杏鲍菇种植材料，并安排技术人员定期指导，实行产品包销。县乡村三级干部的实际行动深深打动了牛社平，让他在思想认识上提高了。

他说："母亲那么大的岁数了，不能再让她操心了，我要靠自己的双手勤劳致富，让母亲安享天伦之乐。"

经过 4 个月的精心管理，牛社平的温室大棚杏鲍菇销售收入9352 元。搞完了杏鲍菇，牛社平一刻也舍不得闲，到外地干起了建筑队的活儿，每个月有 2000 多元的工资。"马上到种杏鲍菇的季节了，俺下个月就回家接着弄，挣钱稳当，还能照顾俺娘和孩子。"脱贫后的牛社平说，"这好日子还等着咱呢！"

四、优势农业：密植梨产业带贫增收

魏县地处黄河、漳河冲积沉淀而成的平原，地势平坦，光照充足，雨量充沛，四季分明，适宜的土壤气候条件孕育了果品独特的优良品质。魏县鸭梨果型端正、个大皮薄、色艳肉细、核小渣少、酸甜适度、香酥可口，素有"天生甘露"之称。

魏县鸭梨种植历史悠久，据考证已有近三千年的历史。早在秦汉时期已有所发展，北宋时期大面积栽培，南北朝著名科学家贾思勰所著《齐民要术》对魏县鸭梨种植情况作过详细描述，清朝魏县知县毛天麟曾留下"长风响梨叶，秋光遍原埠"的著名诗句。梨文化源远流长，民间流传着"梨花仙子嫁杜郎""天龙下凡"等美丽的传说。改革开放以后，开始大面积栽培鸭梨，鸭梨产业成为县城附近农民致富增收的重要渠道，鸭梨成为魏县独特的名片，因此，魏县被称为"梨乡水城"，是"中国鸭梨之乡"，被评为河北省无公害果品基地生产先进县、中国优质梨生产基地重点县。20 世纪 80 年代，魏县鸭梨以"天津鸭梨""河北鸭梨"为商标，出口到欧美等多个国家和地区。从 2001 年开始，魏县连续实施了"鸭梨无公害标准化生产建设工程"等，生产出了高档次、无公害鸭梨，扭转了多年销售难的被动局面。

2002 年 3 月，中国经济林协会命名"魏州"牌鸭梨为"中国名优果品"。2004 年 11 月，"魏州"牌鸭梨又获首届中国国际林业产业博览会优秀展品银奖。"魏州"牌鸭梨分别在 2002 年、2005 年、2008 年连续三次被评为"河北省名牌产品"。2006 年，全县有罗庄和北张庄两个梨园共计 503 亩通过了河北省出入境检验检疫局出口北美地区的产地注册认证，产品出口到加拿大。2007 年 10 月，国家质检总局批准对魏县鸭梨实施"地理标志产品保护"。2008 年，在第 12 届中国（廊坊）农展会上，魏县鸭梨被评为"果王"。2008 年制定了 DB13/T 998—2008《地理标志产品魏县鸭梨》及 DB13/T 1005—2008《无公害果品魏县鸭梨生产技术规程》；2010 年荣获河北美食林集团"优质果品奖"。中央电视台 7 套《聚焦三农》栏目以《鸭梨缘何论个卖》为题，分别于 2010 年 9 月 27 日和 10 月 18 日连续两次对魏县鸭梨产业进行了专题报道；2019 年 9 月 5 日，中央电视台农业农村频道以《不寻常的梨树园》为题，对魏县鸭梨及梨产业进行了 50 分钟的全面报道，魏县鸭梨的知名度再次得到提升。目前，魏县有 10.4 万亩果园通过了河北省"无公害果品基地环评"认定。

（一）做大做强梨产业促进脱贫

"一亩园十亩田"是以前魏县鸭梨产业的真实写照，鸭梨一直以来都是魏县的特色产业，但在原有的种植模式中，每亩地仅种植梨树 60—70 棵，本就有限的土地资源未能得到重充分利用，且种植技术更新较慢。通过技术改进，引进新品种，采用密植梨种植，每亩可种植梨树 164 棵，可以在 3 年内上市，结合套种间种技术，大大提高了土地的利用效率。以鸭梨国家地理标志证明商标获批为契机，在原有 20 万亩梨园的基础上，魏县规划建设一批密植梨扶贫产业园区，新发展密植梨 3 万亩。划定的扶贫产业梨园，享受《魏县密植梨种植带贫增收补贴办法》所规定的相关政策，主要采取"龙头企业（大户）+专业合作社+村级组织+建档立卡户"带贫模式，执行"统一种植、统一管理、统一采收、统一品牌、统一销售"等"五统一"，进行合作化、规模化、集约化发展，使之成为助力贫困人口脱贫、巩固提升脱贫成果的一大重要产业。截至 2019 年，魏县已建设密植梨扶贫产业园区 43 家，涉及 18 个乡镇，种植面积共计 9576 亩，其中合作社（大户）种植面积为 3796 亩，建档立卡户自种面积 5780 亩，带动贫困户 5780 户。

密植梨扶贫园区建设由种植大户引领，贫困户一起管理，其中贫困户占 50%—70%。每个建档立卡户按照就近、自愿选择的原则，可在相应的扶贫产业园内种植 1 亩密植梨，种植的树苗、土地统一流转。贫困户流转的部分是县扶贫办补贴，共补贴两年，第一年补贴土地流转费 1000 元，树苗费 800 元，生产管理费 2500 元，一共 4300元；第二年补贴土地费 1000 元，管理费 2500 元，一共 2500 元，两年总计补贴 7800 元。大户的部分是县财政局补贴，补贴 3 年，第一年补贴土地流转费 1000 元，树苗费 800 元，一共 1800 元；后两年都补贴土地费 1000 元，3 年总计 3800 元。全县现在种植密植梨 3 万多亩，从 2018 年开始带贫困户一起种植，贫困户有 10 年收益权，10年后收益权归农村集体所有，如果再有需要，则需再签订协议。技术上林业部门会对大户进行培训，各个乡镇再派人去给贫困户培训，3 年以后梨树挂果，农户至少能保本，5 年以后就能有收益。

案例：密植梨："授之以渔"式长效扶贫

在推进精准扶贫工作中，魏县以县城周围万顷鸭梨资源为基础，借势"引黄入冀"工程打造梨乡水城，开拓百里河湖、万亩水面，并于 2014 年成为国家水利风景区。魏县每年利用梨乡水城梨花盛开和鸭梨采摘的景观优势，发展壮大梨文化旅游产业，吸引海内外客商到魏县投资兴业，每年拉动商贸、文化等招商引资价值数以亿计。为进一步增强产业扶贫力度，巩固提升脱贫成效，魏县制定了梨产业发展规划，从政策、土地、资金、技术方面对密植梨扶贫产业园区进行大力扶持，在 18 个乡镇，共发展了 43 家扶贫产业园区，种植面积 9576 亩，其中合作社、种植大户面积 3796 亩，建档立卡户自种面积超过 5780 亩，带动贫困户 5780 户。

"新栽种密植梨 3 年挂果，5 年后进入盛果期，每亩经济效益 1 万元以上。"沙口集乡党委书记说。该乡密植梨产业园区 570 亩，带动贫困户 285 户。由于密植梨植株不大，行间还统一套种了红薯，每亩每年可以收获红薯五六千斤，实现增收 2000 元以上，企业和农户双受益，双方参与积极性高涨。

在魏县北皋镇营西村，230 多亩密植梨园由邯郸华瑞农业科技公司统一管理经营，带动 110 多个贫困户参与种植。为提高挂果前的收入，梨园套作种上了 120 亩花生和 80 多亩芝麻，亩收益预计近 2000 元。公司负责人说："县里的扶持政策给力，现代农业、优质林果发展前景非常好！"

（二）用好用足梨文化服务脱贫

魏县从 2001 年开始，每年清明前后都会举办梨花节。梨花节有效带动了当地旅游业发展。借助县域内丰富的梨树、水系等生态旅游资源，以及各乡镇特有的乡村景观、民风民俗及固有的名胜、文化等资源优势，结合美丽乡村建设，重点打造了一批集生产、观光、休闲于一体的农家乐、设施农业体验园及生态旅游景点等旅游风景片区，增加当地农民经济收入。魏县借助 20 万亩原生态梨园，66 公里生态水系的优势，进一步挖掘"梨文化""水文化""龙文化"等特色文化，推动沿线贫困村大力发展乡村游，依托梨花节，桃花节，桃、鸭梨采摘节，农民丰收节等旅游特色活动，重点发展生态旅游产业，进一步提升魏县的知名度和影响力，推进乡村旅游发展，促进群众增收致富。

在具有旅游资源和发展条件的易地扶贫搬迁村，深入实施乡村旅游工程，引导和支持开发贫困群众参与度高、收益面广的旅游项目，创新旅游扶贫模式，组织和开展旅游扶贫政策和技能培训，有效带动搬迁村餐饮购物、户外运动、文化创意、养生养老等各项事业发展，促进搬迁群众持续增收。充分宣传"梨乡水城"旅游品牌，开展资源展示、品牌促销，营造了魏县旅游的浓厚的舆论氛围。

案例：旅游业助力脱贫

魏县沙口集乡大斜街魏县老三果树种植专业合作社和德政镇后西营村刘爱永种植合作社，通过种植、销售鸭梨和观光大棚，采取"公司+基地+农户"经营管理模式，实施"旅游+扶贫"，带动60余户建档立卡贫困户入股，用帮助贫困户销售和提供就业岗位的方式，使贫困户增加经济收入，直接带动贫困群众增收近61万元。

河北省博浩现代农业园区，位于魏县沙口集乡，是魏县农业观光蔬菜大棚，运用量资入股的方式带动200户建档立卡贫困户入股，按照每年不低于10%的分红比例保底分红，帮助建档立卡贫困户就业，每年增加了贫困户的家庭收入近30万元。

魏县乡村旅游采摘活动丰富多彩，有水果采摘、桃王争霸赛、桃王现场拍卖、舞龙舞狮、七仙女蟠桃园实景演出、美猴王桃林合影、四股弦等精彩节目，让游客享受自然生态美景的同时，欣赏独具地域特色的文艺表演、参与实景演出，乐在其中，流连忘返，不仅丰富了旅游活动的内涵，而且提高了乡村旅游的趣味。同时，积极发展具有魏县特色的旅游产品：土纺土织、梨木厨具、饸饹面、毛绒玩具、箱包等，引导贫困村农户制作销售旅游产品，开展技能培训，共为46户建档立卡贫困户提供就业岗位，使他们提高收入约 188 万元，增加了本村及周边区域农民及建档立卡户的经济来源。

五、光伏扶贫：脱贫攻坚与集体经济效益兼顾

在光伏扶贫方面，魏县抢抓被列为"全国光伏扶贫工程试点县"的机遇，2016 年，争取并启动首批 24 个村级扶贫光伏电站建设，每个村级电站容量为 300 千瓦，2017 年建成 24 个村级光伏扶贫电站，6 月全部建成并网，共关联 1440 户建档立卡贫困户。加强对 24 座光伏电站的管理，创新收益发放方式，树立劳动脱贫导向，对有劳动能力的建档立卡贫困对象，利用光伏收益，通过安排从事治安员、民调员等公益岗位，使贫困户每人（户）每年增收 3600 元，村集体获益 2 万元，努力实现"扶贫但不养懒"。此外，针对有意愿建设光伏的贫困农户进行补贴，利用贫困户屋顶或院落空地，建设分布式光伏，产权与收益归贫困户所有，为更多贫困群众送上收益长期稳定的"阳光存折"。魏县光伏扶贫电站建设采取政府启动、企业投资运营模式，为每个贫困村按贫困程度选定 60 户贫困户（优先保障 2017 年未脱贫对象）入股，实行动态管理，三年一调整，即每个电站关联 60 户建档立卡贫困户，每关联一户贫困户，政府出资 1.2 万元。通过这种方式，帮助贫困户特别是无劳动能力贫困户（包括残疾人）增加收入，优先将易地扶贫搬迁贫困户纳入光伏扶贫受益户范围，建立稳定增收新渠道，同时解决村级集体经济收入不足问题。

为把村级光伏扶贫电站打造成为造福贫困群众的民生工程和增加农村集体经济收入的有效途径，按照因村制宜、合理规划、加快推动的原则，魏县安排县扶贫办牵头，联合国土、电力、发改等部门，各司其职，协调联动，深入 24 个贫困村逐一考察、认真选址，严格用

地标准，严守政策红线，合格一个开工一个。同时，针对项目起步较晚且没有现成经验可循的问题，魏县临时成立了以县委副书记、县长为组长的县村级光伏扶贫电站建设领导小组，明确乡镇党委书记、乡镇长为第一责任人，特别是全省村级光伏电站建设"百日会战"以来，实行一天一报告，每周一调度，挂牌督办，跟踪问效，确保按要求完成建设任务，实现并网发电。截至2017年6月，全县首批24个村级光伏电站全部建成，实现并网，赶在省里要求的完成时限内完成并网发电任务。每个贫困村的村级扶贫光伏电站项目可带动60户贫困户，总计带动1440户贫困户。这60户贫困户的确认是从该村生活条件最差或无劳动能力的贫困户中产生，经村两委公示后，签订有关协议，实行动态管理。根据协议，在村级光伏电站建设上，贫困户不用出一分钱，每年年底贫困户和村集体都可获得收益。

六、电商扶贫：互联网技术联通产销市场

魏县把电商扶贫作为精准扶贫的重要手段，做实电商扶贫产业。推进国家电子商务进农村综合示范项目，主动适应"互联网+"新常态，构建"1+21+300"的县乡村三级物流配送体系：以县级仓储物流配送中心为主导和核心，打造以双井、牙里、北皋、车往4个乡镇为重点，其他17个乡镇兼顾的乡镇级分拨中心，联结300个村级物流快递集散站点，打通全县物流快递最后一公里，带动贫困户农产品、手工业产品线上销售。同时，由县商务局结合县域实际情况，建立电商服务中心，一楼负责发货，二楼为孵化空间，三楼为培训中心。电商爱好者在这里创业，只收取基础管理费用。

抓好乡村两级干部、大学生村官、农村网店业主等重点人员电商技能培训，打造农产品上行模式，提升人力资本，拓宽农产品销售渠

道。发展兴达、河北网创等电商龙头企业18家，在天猫、淘宝、京东等各类平台开设网店、微店5000余家。新建天猫优品服务站13家，引进开通阿里巴巴县域电商、"苏宁易购"中华特色魏县馆、"魔豆妈妈云客服"等电商项目，建立中粮"我买网"魏县农产品电商平台，饸饹、土纺土织等9个种类50余款魏县特色产品线上销售量不断增加。魏县鸭梨区域公用品牌获得省首届品牌农产品创新创意设计大赛一等奖。2017年下行销售额突破4.6亿元，上行销售额1.4亿元，其中与中粮集团"我买网"大型电商平台签订战略合作协议，将魏县鸭梨销售到北上广深一线城市，合作以来已销售2万余件。据映潮科技数据库统计，截至2018年12月底，魏县实现电子商务交易额5.8亿元，同比增长36.8%，网络零售额累计实现1.3亿元，同比增长143.9%，其中实物型6530万元，服务型6789万元。截至2019年，魏县拥有网商数2459家，流通型、生产型、服务型网商数分别为2157家、225家、77家，带动农村青年、妇女、残疾人、返乡大学生、农民工、贫困户等创就业1024人。对符合条件的建档立卡贫困户做到了应培尽培，培训率达到90%以上，共培训3799人次。

通过赋能企业、引导创业、提供就业等多种方式，直接或间接帮助贫困户开展电商扶贫工作，直接或间接帮扶带动贫困户1136人，多种形式带动贫困户收入累计365万余元，带动贫困户开展网络销售达36.8万元。魏县通过基层扶贫网络的构建，实现了线上线下的融合联动，构建出县域扶贫增收新格局，降低了农户的生活成本，拓宽了贫困户农产品销售收入的新增长点。2017年，魏县荣获"全国电子商务进农村综合示范县"称号。

电商扶贫主要包括四个方面：第一，企业带动。扶贫企业提供相关设施设备和技术支持，提升贫困农户电子商务运营水平，带动贫困户增收。第二，平台带动。服务中心对接苏宁、淘宝、中粮"我买网"等数十个线上农产品销售渠道，帮助有扶贫产品的企业或乡镇产品通过包装等途径上行。第三，产业带动扶贫。针对鸭梨产值较大的镇等产业特色镇，帮扶农户开店，提供区域公共品牌包装箱设计方案。第四，就业扶贫。通过培训贫困户，使其利用磨豆妈妈等项目获得就业岗位。

对建档立卡贫困人员中的电商爱好者进行免费培训，增强其利用电商创业就业能力。通过乡村上报培训人员名单，县商务局确定培训时间、地点。对有意愿从事电商的下岗失业人员、就业困难高校毕业生、退伍军人、返乡农民工及个人创业者等开展电商运营、操作等方面的技能培训，提升电商脱贫致富本领。县电商服务中心对不同人群分层次进行培训，主要包括：第一，普及宣讲培训。针对电商爱好者，在村里进行电商的推广宣讲，发放印刷有电商扶贫的明白纸，每户一份，共培训近 1.4 万人次，其中建档立卡贫困户约 3400 人次。第二，提升培训。针对在普及宣讲阶段表现出对电子商务有浓郁兴趣或有电商基础的农户，培训内容为自媒体推广及电子商务开店运营等方向。第三，针对产品包装、物流体系及自媒体运营等电商全方面知识的深入培训。

案例：网络帮扶力量大

2018 年 12 月，魏县电子商务公共服务中心在开展冬季"走村访站"精准培训活动中，了解到贫困村民种植的杏鲍菇销售难、销售渠道单一的问题。经过与驻村扶贫干部、村电商服务站多方沟通，帮助杏鲍菇种植户与商场、批发商户对接，开辟更多销售渠道。同时魏县电子商务公共服务中心的工作人员还利用电商平台为部分老乡开通微店，让他们不出家门就可以在手机上接到订单。刘屯村贫困户王张凤老人激动地说："多亏了魏县电商小伙子的帮忙，再也不用发愁杏鲍菇卖不出去了。这不，刚又收到来自邢台南宫的电话订单。谢谢所有的帮扶干部，帮我建了杏鲍菇大棚，如今，又帮我们卖杏鲍菇，提高我们的收入，谢谢你们！"当天，魏县电子商务公共服务中心的工作人员提前联系好批发商，专门到王张凤老人家里帮助她将刚采摘下来的新鲜杏鲍菇打好包裹，运到果蔬市场批发商和提前对接好的超市，完成首次300斤的产品销售对接。

截至2019年10月，魏县鸭梨、梨木厨具、申家饸饹等9个种类50余款魏县特色产品在电商平台呈现。

案例："电商培训给了我向阳而生的力量"

来自魏县沙口集乡的张珍珍，今年32岁，家庭收入主要依靠打工和种田，公公婆婆突如其来的疾病打乱了她平静的生活。公公脑血栓住院后失去了劳动力，婆婆患有骨质增生，两位老人需要长期用药，生活压力很大。张珍珍辞去了在外地的工作，回到家里照顾老人和孩子，收入来源减少，让并不富裕的家庭更加捉襟见肘。

当她参加乡里组织的电商培训，了解到"魔豆妈妈云客服"项目时，对生活重新燃起了希望。在"魔豆妈妈云客服"电商创就业精准扶贫免费培训班学习一个月后，在魏县电子商务公共服务中心的帮助下获得了工作岗位，成为"魔豆妈妈云客服"的一员，足不出户，在家为平台、企业或商家提供电商客服服务。成为刘屯村电商服务站站长后，她深知自己的责任和使命，在实现自身脱贫的同时，通过电商平台帮扶其他贫困户销售农产品。当得知本村贫困户种植的杏鲍菇需要销售时，积极联系，通过魏县电子商务公共服务中心和驻村工作队的帮助，利用网络平台、微店等帮助销售500斤左右，线下销售1000斤左右，让杏鲍菇的销售渠道更加广阔。

在魏县纪念"三八"国际劳动妇女节109周年暨优秀女性（集体）表彰仪式上，张珍珍获得魏县"巾帼脱贫之星"称号。张珍珍在分享感受时说："我之前是在家里务农，是一名全职妈妈，家里的生活开销全部由爱人承担，所以我特别想通过自己的努力发展一份自己的事业。驻村工作队和县妇女联合会了解我的情况后，帮我报名参加了脱贫电商培训，通过魏县电商的培训和我自己的努力，我顺利成为'魔豆妈妈云客服'的一员，现在的月收入是 3000 元左右，生活质量明显提升。非常感谢县委、县政府和县妇联给了我逆境中的阳光，和向阳而生的力量。"

"魔豆妈妈云客服"项目以"造血式"的长效帮扶替代了传统的"输血式"一次性救助，借助互联网强大的传播力、凝聚力和创造力，帮助农村贫困妇女掌握生计能力，凭借自身的努力改变了个人和家庭的命运。

第三章

教育扶贫：与扶志扶智相结合，激发脱贫内生动力

习近平总书记强调，我们要"实行扶贫和扶志扶智相结合，既富口袋也富脑袋，引导贫困群众依靠勤劳双手和顽强意志摆脱贫困、改变命运"①。"扶贫先扶智，要更加注重教育脱贫，着力解决教育资源均等化问题，不能让贫困人口的子女输在起跑线上，要阻断贫困代际传递。"② 实现中华民族伟大复兴的中国梦，是每一个中国人坚定的信念，更是青年一代为之奋斗的梦想。让少年有梦，让青春有光，是魏县教育工作者在脱贫与防贫路上执着的坚守。"一个都不能少"，使教育扶贫政策应享尽享、应助尽助，不让一名学生因贫失学，不让一个家庭因学返贫和致贫。魏县全面落实教育扶贫，用爱心和责任关怀和帮助每一位贫困少年成长，让更多青少年敢于有梦、勇于追梦、勤于圆梦，真正做到"教育点亮扶贫路，智力扶贫断穷根"。

一、构建教育扶贫体系，奠定教育扶贫基础

为解决长期困扰魏县的贫困问题，在教育扶贫领域，魏县的举措主要有两大类：一方面，魏县构建了从学前教育阶段到义务教育阶段、普通高中和中职教育阶段、高等教育阶段的全过程资助体系，帮

---

① 习近平：《在全国脱贫攻坚总结表彰大会上的讲话》，人民出版社 2021 年版，第 17 页。
② 《打好全面建成小康社会决胜之战——习近平总书记同出席全国两会人大代表、政协委员共商国是纪实》，《人民日报》2016 年 3 月 16 日。

助每一个困难家庭学生减轻就学经济压力；另一方面，不断优化当地就业创业环境，配合劳务输出、职业农民农业技术培训，促进贫困人口获得稳定的就业技能和可靠的创业条件。

（一）系统化组织动员，织密教育扶贫体系网

强化组织领导。为确保落实教育扶贫政策，魏县大力加强教育扶贫工作的领导，于 2016 年成立了由教育、组织、人社、财政、编制等部门组成的魏县教育支持扶贫工作领导小组。领导小组的办公室设在县教育体育局，该办公室负责教育支持扶贫工作的组织与实施，印发《魏县教育体育局 2019 年扶贫工作实施方案》，明确了领导小组办公室工作职责及分工，对有关工作职责和分工进行细化、量化，做到职责明确。县教体局每月召开党政会，听取扶贫工作队和帮扶责任人的工作汇报，研究部署扶贫工作。此外，领导小组多次召开教育系统精准扶贫工作大会，号召全系统人人参与、个个参战，并制定了详细的宣传方案。

多点落实宣传。魏县将教师作为联结困难群众与政策的纽带，以政策宣讲团为组织形式将政策"明白纸"、学生资助情况卡发放到每一户困难家庭。在当地各级学校中以教师大会、学生大会、家长会等形式组织学习教育扶贫政策，并利用互联网和展板等传播渠道广泛宣传。由县教育局等部门开展培训，提高乡、村级教育扶贫工作队伍的政策素养。教育部门主要负责人借助魏县电视台《问政魏州》栏目的广泛影响，在和观众互动中讲解政策要点。根据相关文件要求，各基层学校把宣传窗口前移——高中阶段资助政策宣传在初中阶段进行，义务教育阶段资助政策宣传在学前阶段进行。此外，各校将宣传重点放在建档立卡、城乡低保等特殊困难群体，并加大对家庭经济困难学生相对较多村镇的宣传力度。加强新闻媒体报道，注重网络平台宣传，做好致初中、高中毕业生的"一封信"发放工作，加强校园

宣传并开展贫困学生走访活动。通过充分利用宣传栏、板报、微信群、党员民主会、群众座谈会等形式，进村入户宣传党的扶贫政策，先后发放扶贫明白纸、宣传单、问卷调查等扶贫宣传资料 1600 多份。同时，在群众中开展扶贫知识培训，使扶贫政策达到家喻户晓，人人皆知，确保建档立卡户都能理解和执行党的扶贫路线和方针政策。魏县坚持在一线普及相关政策，不让一位教师、一位家长、一名学生掉队，实现了困难群众热情参与、积极反馈的良好态势。通过教育扶贫政策宣传，与人民的关联更加紧密，有效增强了教育扶贫的社会合力。

完善协同机制。为全面推进教育扶贫，魏县还建立了信息库。一村一库、一乡一库、一校一库，全县一总库，形成完善的县、乡、村、学校贫困学生信息档案，结合大数据精准比对织密了扶贫网，把学生资助工作纳入全面、精准、规范管理的轨道，实现了不让一名学生因家庭贫困而失学，不让一个家庭因孩子上学而返贫致贫。为确保数据精准，加快认定速度，魏县教体局创新工作机制，协调县民政局、扶贫办、残联等职能部门成立了大数据比对联合办公小组，集中办公，实现了部门与部门之间相关信息零距离共享、大数据比对。例如，将扶贫部门建档立卡系统数据与教育部门学生学籍信息进行比对，精确核对出全县各个阶段贫困学生的准确信息，并反馈到相关学校，根据资助政策进行资助。此外，对资助发放程序进行严格审核。一是受助学生申报要提交《河北省建档立卡贫困家庭学生资助申请表》、扶贫手册、农村低保证、残疾证、农村特困救助供养证、身份证（或户口簿）等原件和复印件，由班主任和班级评审小组核实后，报学校复审，学校审核认定并公示 7 天无异议后，上报县教育局。县教育局分类汇总，分别到县扶贫办、民政局、残联进行比对确认，该免除的费用直接免除。发放资助资金，实行一生一卡，直接打卡发放，实现教育扶贫政策精准落实到位，做到贫困家庭学生资助应助尽助、应享尽享。

（二）针对性压实责任，保证教育扶贫政策落地

教育支持扶贫工作领导小组将驻村帮扶和结对帮扶工作列入重要议事日程，列入单位年度目标考核内容，与全局整体工作一同安排部署、一同督导落实，一同考核验收。大力推进强化督查，夯实责任。即明责、确责，夯实任务，做到贫困村不摘帽、贫困户不脱贫，帮扶关系不脱钩。将每户每年的教育扶贫工作情况纳入这户帮扶责任人的年终考核，作为年终考核的重要依据。同时，将驻村帮扶和结对帮扶的工作业绩作为评优树模、奖惩兑现的重要依据。

通过明晰责任，教育扶贫工作保证做到任务到人，因户施策，精准帮扶。具体而言，一是精心挑选帮扶责任人。选派工作能力强、业务素质高的76名科股级负责人及业务骨干为帮扶责任人，与261户贫困户进行结对帮扶。每个村明确一名干部带队，负责协调在教育帮扶过程中遇到的困难和问题。每名帮扶责任人负责帮扶2—5户。每一名帮扶责任人与一个学校负责人"结对子"，协助帮扶，提高帮扶成效。二是因户施策，通过与贫困户交流，了解贫困户的教育贫困的原因和需求，按照"一户一策"进行有针对性的帮扶。

（三）多方筹措资源，保障教育扶贫可持续

针对教育资助政策覆盖不到的贫困边缘家庭，为保障其子女不辍学，魏县结合自身实际，由县财政拿出200万元作为启动资金，广泛吸收社会资金，设立了"贫困学生资助基金"，实现教育资助双重保障，确保了贫困边缘家庭的学生没有后顾之忧。自2014年以来，"贫困学生资助基金"已累计资助家庭经济困难学生25383人次，资助资金2426.7万元。自2018年以来，县控辍保学工作在国家、省、市各级检查验收中获得一致好评，圆满完成了保障贫困家庭孩子都能上

学、不让一个学生因家庭困难而失学的目标。与此同时，魏县多方筹措，募集资金，支持贫困乡镇村基础教育发展。在扶贫重点村新建（改扩建）一批幼儿园、中小学，改善办学条件，配足配齐现代教育设备，办学条件大幅提高。扶持贫困重点乡镇村的寄宿制学校，提高生活费补助标准，增拨贫困城镇学校的校舍改造经费。对口帮扶重点村的企事业单位，在经费物质安排上也都向帮扶村基础教育教学倾斜，改善育人环境，提高育人质量。

魏县在 2017 年出台文件，按照"财政挤一点，单位拿一点，个人捐一点，社会赞助一点"的原则，在全县募集对农村贫困学生的资助资金。[①] 文件规定，每年筹集教育扶贫资金 50 万元，包括固定收入和社会募捐部分。其中固定收入部分包括：财政供养和国有企事业在职干部职工捐资、有收入的单位和企业资助、县财政拨付、县教育局负担。该项工作资金募集由魏县团委负责实施，由教育、民政、扶贫、财政、监察等部门参与协助，凝聚魏县各部门机构的力量，增进教育脱贫全民参与的共识，有效缓解了深入开展教育精准扶贫的资金缺口。

二、各学龄段精准施策，力保"改薄"可持续

教育扶贫"一个都不能少"。魏县通过实行从学龄前到大学阶段贯穿始终的助贫助学政策，让每一个学生都得到真诚的关爱。

---

① 资助对象包括：烈士子女、困难优抚家庭子女、贫困残疾人家庭子女；无劳动能力、无生活来源、无法定扶养义务人或虽有法定扶养义务人但无抚养能力的学生；单亲贫困家庭子女；农村低保或农村特困救助家庭子女；城市低保和特困供养家庭子女；因父母下岗、患病及受灾、突发事件等原因造成生活特别困难的家庭子女。见《中共魏县县委办公室魏县人民政府办公室关于在全县开展资助农村贫困学生活动的实施意见》（魏办字〔2017〕41 号）。

（一）夯实基础：助益学龄前儿童

魏县积极解决经济困难家庭入园难问题，资助县公办幼儿园和民办普惠性幼儿园中的家庭经济困难儿童。县教育局以全年收费生均1000元的限度划分资助类别——收费情况低于该限度的幼儿园，在优先保证建档立卡等4个优先资助[1]的基础上，按实际收取的保育费进行免收；收费情况高于该限度的幼儿园，在保证建档立卡等4个优先资助条件的基础上，按生均1000元的标准进行减免。2017年秋季魏县共资助家庭经济困难儿童2220人。其中2017—2018学年全年收费生均高于500元低于1000元的幼儿园涉及46所，资助712人，资助金额12.8万元。同学年全年收费生均高于1000元的幼儿园涉及48所，资助1118人，资助金额51.5万元。[2] 2018—2019学年，魏县共资助119所公办园的1386名幼儿，总计117.9万元；资助22所民办园的361名幼儿，总计36.1万元。[3]

通过精准识别困难群体、公开公正评审资格、足额按时发放资助金，魏县相关工作有效解决了困难家庭儿童入学难、入学贵的难题，促进了学前教育资源的公平分配。以保教费和管理费作为划分资助的参照标准、要求幼儿园提取事业收入资金用于减免收费和补助，以及补助、减费、免费结合的资助方法，合理配置了政府财政资源，不仅有利于切实缓解家庭经济困难幼儿入园难问题，还有利于引导家长根

---

[1] 魏教字〔2017〕171号、魏教字〔2017〕176号、魏教字〔2017〕201号三份文件均提出了"优先资助"对象：1. 建档立卡贫困家庭学生；2. 城乡低保户家庭学生、残疾人家庭或残疾学生、城乡特困救助供养范围的学生；3. 孤儿、烈士子女、优抚家庭子女、少数民族学生、单亲家庭经济困难学生、父母丧失劳动能力学生；4. 因突发事件（受灾、重大疾病）导致的家庭经济特别困难学生。

[2] 《魏县教育局2017—2018学年学前教育资助资金实施方案（补）》（魏教字〔2017〕201号）。

[3] 《魏县教育局关于印发〈2018—2019学年学前教育资金实施方案〉的通知》（魏教字〔2018〕213号）。

据实际需求和负担能力选择幼儿园，进而避免了不合理的择园现象。

（二）控辍保学：助力义务教育

在义务教育阶段工作领域，魏县始终坚持贯彻落实上级各项方针政策并积极立足当地实际探索工作方法，形成了家庭经济困难学生群体全覆盖、教育公平与施政效率兼顾、教学资源软硬条件同步提升的良好局面。

1. 保障义务教育"一个都不能少"

魏县严格落实对城乡公办和民办学校义务教育阶段学生的"两免一补"[①] 政策，着力减轻适龄学生的学业经济负担。在免除学杂费方面，魏县实行划定基准、适当倾斜、公办民办合理区分的工作策略，确定了补助基准定额。县教育局统筹安排相关经费向短板突出的地区倾斜以保障小规模学校和教学点的基本需求。在免费提供教科书方面，魏县严格落实中央和地方政策，对符合条件的学生免费提供国家课程教科书、省规定的配套辅助学习资源和地方课程教材、小学一年级新生学生字典，并推行部分教科书循环使用制度。县教育局、中心校、相关学校安排专人负责免费教科书的征订、发放、结算工作，并由教育局加强学校相关工作的监督管理。

在补助贫困寄宿生生活费方面，魏县建立了严格的评审流程和档案管理制度。实行校长领导、专人负责，以评审小组形式每年核定贫困寄宿生生活费补助，建立专门档案并严格落实公示制度。2017年秋季魏县共有在校寄宿生44229人（含民办学校），包括初中寄宿生23339人和小学寄宿生20890人（含特教学校）。2017—2018学年总

---

① 指免除学杂费、免费提供教科书、补助贫困寄宿生生活费。其中城乡义务教育学校包括初级中学、职业初中、普通小学、完全中学初中部、九年一贯制学校和特殊教育学校。

计发放贫困寄宿生生活费补助 1104.6 万元，共惠及 9816 名贫困寄宿生，包括 4918 名初中贫困寄宿生和 4898 名小学贫困寄宿生。2018 年春季，魏县共对 1428 名新补录的建档立卡寄宿学生进行了生活费补助，包括初中生 696 人，补助资金 87 万元；小学生 732 人，补助资金 73.2 万元。[①] 2018—2019 学年，魏县初中享受贫困寄宿生生活费补助 7889 人，小学享受该项补助 8053 人。[②] 魏县义务教育"两免一补"政策惠及面广，切实减轻了群众义务教育阶段就学的经济压力。通过层层压实责任，严格落实免费发放教科书、补助贫困寄宿生生活费工作，坚持工作程序公开透明，实现了每个义务教育阶段学生都能有学上并能上好学。

2. "七长"合力守护童年健康发展

依靠控辍保学和送教上门，魏县着力保障每一位义务教育适龄儿童少年的受教育权利。2017 年，魏县出台文件就全县义务教育阶段适龄儿童少年就读情况进行摸底调查，由各乡镇（街道）牵头，村委会、驻村工作队、派出所和中心校等共同参与，对全县 6—15 周岁义务教育阶段儿童少年彻底摸排，登记造册，并对不在校就读义务教育阶段儿童少年分类施策：对无身体原因没有在校就读的学生要求立即返校就读；对因身体残疾不能入学就读的学生由当地学校送教上门；对因身体疾病无法接收送教上门的学生要求写明原因。

魏县教育局在各乡镇中心校、中小学校贯彻实施"七长制"责任，建立了县长、教育局长、乡（镇）长、村长（指村委会主任）、校长、师长（班主任）、家长七级控辍保学责任，实现了层层有责任，层层有动员。

---

① 《魏县教育局关于印发〈2018 年春季义务教育阶段补助贫困寄宿生生活费实施方案〉的通知》（魏教字〔2018〕64 号）。
② 《魏县教育局关于印发〈2018—2019 学年义务教育阶段补助贫困寄宿生生活费实施方案〉的通知》（魏教字〔2018〕214 号）。

具体职责规定如下：

1. 县长落实"双线四包"工作机制和"三级联动"防护网络；①

2. 教育局长落实义务教育入学、复学、保学基本制度，加强监督指导；

3. 乡（镇）长全面掌握适龄儿童青少年义务教育入学情况；协调指导村（居）民委员会营造良好风气；督促家长做好儿童少年入学、复学工作；配合做好学校周边环境治理；

4. 村长（村委会主任）配合政府督促家长做好工作；组织村委会，对未入学接受教育的学龄儿童和未满 16 周岁外出务工的未成年人进行动员、帮扶；

5. 校长掌握学区范围适龄儿童少年底数和入学情况，统筹安排本校控辍保学工作；配合乡镇政府（街道办事处）、村（居）民委员会做好辍学生动员返校工作；

6. 师长（班主任）了解每天学生到校情况和思想状况；建立贫困家庭学生、孤儿、留守儿童少年、残疾学生、贫困生等特殊学生台账，制定教师分包学生台账，实行网格化管理；与家长沟通学生到校情况；

7. 家长履行送适龄儿童少年按时入学并完成义务教育的法定义务，落实家庭教育责任。

为把控各关键环节和规范工作流程，县教育局制定落实了"义务教育入学通知书制度""义务教育阶段学生整班移交制度""中小学生学籍管理制度""义务教育阶段学生排查报告制度""辍学学生

---

① "双线"即县、乡镇、村一条线，教育局、学校、班级一条线。"四包"即县领导包乡镇、乡镇干部包村、村干部包村民小组、村民小组包户，教育局领导包学校、校领导包年级、班主任包班、任课教师包人。"三级联动"即乡镇人民政府（街道办事处）、村（居）民委员会、村民小组联动。见《关于进一步加强义务教育控辍保学明确"七长"职责通知》（魏教字〔2018〕264 号）。

劝返复学制度""学生辍学报告制度""控辍保学责任追究制度"等。①

以中心校为例，职责规定概括为如下四点：其一，与乡镇派出所、村两委对接，对管理范围内0—18周岁的人员情况进行排查摸底。与卫生院对接，登记续接上一年新出生幼儿信息。基于上述两类信息建立数据库，每年更新并存档。其二，为每名小学入学和初中入学学生发放"入学通知书"，对未按规定时间入学的学生进行随访并建立档案。其三，做好所辖各学校学生转学、复学、休学等学籍变动信息存档、学生学籍及实际在校生统计存档、"在籍未在校"学生统计存档。其四，加大义务教育执法力度，积极协同乡镇政府开展"依法控辍"工作，严格落实《中华人民共和国义务教育法》等法律法规。

魏县在全面落实"七长制"和"双线四包"责任制的基础上，以完善后台数据库作为开展控辍保学的基础。魏县组织了21个乡镇中心校进村入户、拉网排查，建立了校、乡、县三级数据库，并与公安系统网、学籍系统网比对，精准核对全县学生情况，动态监测异常信息。② 根据排查获得的基础信息，魏县对需要帮助或重点监测的学生分类施策，最大限度保障了学生接收义务教育的权利。

其一，针对县内残障儿童少年接受义务教育的困难，魏县在充分发挥特教学校作用的基础上，积极安排有学习能力的残障儿童就近随班就读。③ 县基层教师对学习能力低下、确实不能到校就读的残障儿童，结合实际，分层制定个性化教学方案。其二，针对暂时患病无法上学的学生，魏县结合学校教学实际，明确教师送教上门，并要求送

---

① 《魏县教育局关于切实加强义务教育阶段控辍保学工作的通知》（魏教字〔2018〕240号）。

② 魏县教育局：《打好六张控辍牌确保一个不能少——魏县义务教育阶段控辍保学工作汇报》，2019年3月。

③ 《关于进一步加强残障儿童少年随班就读、送教上门工作的通知》（魏教字〔2017〕71号）。

教工作需做到有教案、有作业、有批改、有记录、有签字，努力使学生赶上课程进度，不因病耽误学业，病好后及时入班，从而最大程度降低休学率。其三，针对外地就学儿童，有关部门通过常态化联系学生家长及时掌握学生就学情况；遇有辍学现象的，积极劝导家长让孩子复学，同时致函当地教育部门和学校做好学生复学工作；安排教师利用视频方式指导残病学生学习，确保外地就学学生一个不落完成义务教育。其四，针对留守儿童群体广泛开展"爱心妈妈"活动。对义务教育阶段留守学生登记造册，选择素质高、有爱心的女教师组成"爱心妈妈"团队，与留守学生结对帮扶，促进了留守学生健康成长。

通过开展控辍保学和送教上门工作，魏县义务教育成绩显著。2018 年魏县义务教育阶段劝返复学 310 人、残疾儿童少年随班就读 173 人、送教上门 27 人、送特殊教育学校就读 18 人，实现了义务教育阶段除身体疾病原因外无辍学学生。① 截至 2019 年 3 月，魏县 885 名义务教育阶段适龄残疾儿童（6—15 岁）全部接受教育（其中随班就读 441 人，县内外特殊教育学校就读 109 人，送教上门 335 人），实现了适龄残疾儿童教育全覆盖。

魏县凭借明确控辍保学的"七长"责任，积极开展送教上门，努力推进劝返复学并提高教育教学质量，不断增强群众对义务教育的认同感和获得感。通过对残障儿童少年、暂时患病无法上学学生、外地就学儿童、留守儿童群体分类施策送教上门，实现了每个家庭自觉参与义务教育、家长和师生积极互动。

3. 补足教育软硬件配套建设

魏县在"全面改薄"工作中推进校舍等硬件设施建设，成效明显，并通过多种途径推进师资力量提升、调整教学规模，使教学力量

---

① 魏县教育局：《2018 年控辍保学工作总结》。

与大规模扩容的校舍条件相匹配。

（1）组建覆盖全县的大局域网。过市县云平台实现教研、优质教育资源、优秀课程资源共建共享，提升薄弱校教师教学能力。一是结对学校开展教师课余实践网络教研；二是薄弱学校教师接受邯郸市"每天一小时"培训，县级"名师工作室"帮助共建教学团队和名师工作室；三是示范课堂直播到薄弱学校；四是市县云平台免费共享。

（2）积极实施学校结对帮扶，通过校长、教师交流帮扶、捐赠物资和学习培训帮扶提升了薄弱学校师资水平。

（3）以集团办学促进均衡发展。2017 年以来魏县以"资源共享、均衡发展"为目标，发挥县内"名校孵化"作用，实施教育集团化办学，先后组建 20 余个县直管学校教育集团和 64 个乡镇区域内教育集团，实现了集团化办学全覆盖，有效提升了农村学校办学水平。

（4）多措并举消除大校额、大班额。通过严格招生管理和义务教育阶段公办中小学"划片招生、就近入学"，采取学生分流和扩班；制定城区教育布局规划，扩充现有县城学校规模。

（5）实施区域教研结对帮扶。在全县中小学开展区域教研共同体建设，小学、初中、高中分别划定区域，各区域由 1 所优质学校牵头，以区域内薄弱学校为成员定期开展教学教研活动。充分发挥县域名师辐射带动作用，广泛开展"名师送课下乡"活动，将优质教学资源送到薄弱学校。[①]

（三）"三免一助"：助推高中阶段教育

为保障高中教育阶段家庭经济困难学生接受教育，魏县对普通高中和中等职业学校分类施策，多角度、多层次地资助困难群体，形成了较为完备的资助体系。

---

① 《魏县教育局教育扶贫工作汇报》，2018 年 11 月 19 日。

第一，魏县在高中教育阶段实行"三免一助"① 政策。针对普通高中学校，为多渠道筹措经费，建立常态化资助体系，要求各校建立学费减收和免收制度。② 在开展"三免"工作方面，魏县建立了"学生申请—学校初审公示—县教育局、民政局、扶贫办、残联联合审核—基层学校完成免除费用操作"的工作流程，并完善了各部门检查和监督机制。2018 年春季，魏县共免除 1061 名普通高中建档立卡贫困家庭学生学费、住宿费、教科书费 78.6 万元。2018 年秋季，共免除全县中职学校 182 名建档立卡贫困家庭学生住宿费和教科书费 7.5 万元。③

为有序开展普通高中学校国家助学金资助工作，魏县教育局制定了三档资助办法。2017 年，共资助普通高中在校生 2873 人，资助金额 287.3 万元；2018 年，共资助普通高中在校生 2460 人；2019 年，共资助普通高中在校生 2904 人，资助金额 290.4 万元。④ 同时，针对中等职业学校的国家助学金工作也有序开展。⑤ 2018 年，中职院校国家助学金共发放 35.4 万元，总计 354 人受益；2019 年上半年中职教育享受助学金贫困学生 339 人，总计资助 33.9 万元。⑥

第二，魏县合理统筹各项资金来源，有效落实了中央和地方各级

---

① 指免学费、免住宿费、免费提供教科书、享受国家助学金补助。资助对象包括魏县普通高中和公办中等职业学校就读、具有全日制学历教育正式注册学籍的建档立卡家庭经济困难学生（含非建档立卡的家庭经济困难残疾学生和经济困难残疾人家庭的学生、农村低保家庭学生、农村特困救助供养学生）。见《魏县教育局 2017 年秋季建档立卡家庭经济困难学生资助工作实施方案》（魏教字〔2017〕120 号）。

② 《魏县教育局 2017—2018 学年普通高中国家助学金实施方案》（魏教字〔2017〕176 号）。

③ 《魏县教育局教育扶贫工作汇报》，2018 年 11 月 19 日。

④ 魏县教育局：《2019 年中期脱贫攻坚成效自我考评报告》，2019 年 8 月 2 日。

⑤ 资助对象为具有中等职业学校全日制学历教育正式学籍的一、二年级在校涉农专业学生和非涉农专业家庭经济困难学生。资助标准为平均每生每年 2000 元。见《河北省教育厅等五部门关于印发〈河北省建档立卡家庭经济困难学生资助管理暂行办法〉的通知》（冀财教〔2017〕2 号）。

⑥ 魏县教育局：《2019 年中期脱贫攻坚成效自我考评报告》，2019 年 8 月 2 日。

政府"雨露计划""滋蕙计划"项目，探索出了支持当地职业教育学校发展的新经验。根据魏县"雨露计划"职业教育扶贫助学政策，农村建档立卡贫困家庭子女就读中职（含普通中专、成人中专、职业高中、技工院校）、高职院校（普通大专、高职院校、技师学院），除学生本人享受"三免一助"政策外，家庭还可享受每生每学年3000元"雨露计划"扶贫助学补助。[①] 据统计，2019年春季学期，魏县"雨露计划"共资助1000名职业教育学生。[②] 凭借职业教育"校校合作、校企合作"等方式，魏县积极探索"雨露计划"受助学员职业发展跟踪服务新机制，努力构建政府推动、各方参与的职业教育扶贫格局，取得了良好的工作成效。[③] 此外，魏县针对性地开展"滋蕙计划"[④] 工作。该计划与其他专项资助政策组成了多样化的家庭经济困难学生资助体系，凭借多渠道筹集资金的优势发挥作用。2015—2017年，魏县共资助291名普通高中贫困学生，资助金额58.2万元。

（四）多措并举：助圆学子大学梦

在高等教育阶段，魏县依托中央、省级、市级各项资助政策和当地创新做法，多措并举地建立较为完整的资助政策框架，形成了从大学生入学前到入学时、入学后的全过程帮扶体系。

第一，落实上级政府关于资助建档立卡家庭的"三免一助"相关政策，打通了从学前教育到高等教育对家庭经济困难学生的资助

---

① 《魏县脱贫攻坚工作汇报》，2019年1月15日。
② 魏县教育局：《魏县2019年春季学期"雨露计划"职业教育补助人员汇总表》。
③ 《保定市人民政府办公厅关于转发市扶贫办等部门保定市"雨露计划"职业教育工作实施办法的通知》，见 http://www.bd.gov.cn/xxgkcontent-888888016-97952-10.html。
④ 《河北省教育厅关于开展2017年中央专项彩票公益金教育助学项目的通知》（冀教资助函〔2017〕4号）。

链，对县内符合条件的高校学生开展资助。① 为保证相关工作高效有序开展，各级部门建立了完备的信息共享和资格审核机制。魏县有关部门严格履行责任，密切配合魏县及上级各部门开展工作，为河北省相关资助政策提供了重要支持。

第二，通过实行"泛海助学"行动，切实减轻一批大学生的学业经济负担。该项行动是由中国泛海集团有限公司与河北省委统战部联合发起的学生资助活动，由中国泛海集团出资 2 亿元，2017—2020年期间，每年资助 1 万名参加当年河北省普通高校招生考试并被录取的河北省户籍贫困家庭本专科考生（含预科考生）。② 2018 年魏县共为 252 名家庭经济困难大学新生办理了助学资金，总计 126 万元。

第三，及时总结经验，通过多方筹措成立资助基金，拓宽大学生资助资金来源。2017 年魏县通过民政局、总工会、红十字会、团委共筹集资金 35.6 万元。2017 年该项工作共资助本科二批学生 94 人、专科学生 37 人。在 2017 年工作基础上，为切实解决贫困家庭子女上大学难问题，合理扩大受助学生群体，魏县进一步推动有关方面，于2018 年以 200 万元财政启动资金成立了"贫困家庭大学生资助基金"，并广泛吸收社会资金对贫困家庭大学生给予专项资助。据统计，2018 年该项目共资助本科生 283 人、专科生 97 人，共使用资金104.3 万元。③ 相比 2017 年，受资助的本科生、专科生人数均有明显增加。

---

① 该项目的资助对象为在河北省内普通高校本专科（含高职、第二学士学位，不含独立学院）就读、具有全日制学历教育正式注册学籍的河北省建档立卡贫困家庭子女。根据有关要求，普通高校免除学费的补助标准为专科学费 5000 元，本科学费 4000 元，研究生学费 8000 元；住宿费 800 元，教科书费 500 元。国家助学金资助标准为每生每年平均不低于 3000 元。见《河北省教育厅等五部门关于印发〈河北省建档立卡家庭经济困难学生资助管理暂行办法〉的通知》（冀财教〔2017〕2 号）。
② 资助标准为每人一次性资助 5000 元。见魏县教育局：《省统一战线泛海助学行动工作协调组办公室致高中毕业生的一封信》。
③ 《魏县人民政府办公室关于印发〈魏县资助贫困大学生实施方案〉的通知》（魏政办字〔2018〕37 号）。

第四，贯彻落实家庭经济困难新生入学资助政策，解决一批困难学生的"启程难"问题。魏县教育局制定了魏县普通高校家庭经济困难新生入学资助项目方案（又名"大学生路费"资助计划）。优先使用上级下达的资助资金，其中包括中央专项彩票公益金"润雨"计划部分专项资金。所需资金不足部分用魏县"贫困大学生资助资金"补齐。该项工作打通了家庭经济困难新生开学报到的"最后一公里"，消除了贫困家庭筹集路费的顾虑，得到了社会各界的广泛赞誉。据统计，2017 年度魏县共安排新生入学资助项目资金 5.7 万元，资助 87 名困难新生，其中省内大学新生 61 人，省外大学新生 26 人。[1] 2018 年度共资助 104 人，项目资金 6.6 万元，其中省内大学新生 77 人，省外大学新生 27 人。[2]

第五，为进一步解决家庭经济困难大学新生入学初期的经济困难，魏县实行了新生入学救助政策。[3] 从 2018 年秋季学期开始，由县教育局牵头成立了县大学新生入学资助工作评议小组，对该年在省内参加高考并被全日制普通高等院校录取、具有魏县户籍的家庭经济特别困难学生进行一次性救助，共资助 371 名贫困大学新生，总计204.5 万元。[4]

第六，主动作为，改进工作体制机制，开展多项助学贷款工作。严格制定工作方案，大力优化工作机制，由对应机构专门负责生源地助学贷款工作，成功申办并有序开展了国家开发银行生源地助学贷款

---

[1] 魏县教育局：《2017 年魏县家庭经济困难大学新生入学资助项目专项检查报告》。
[2] 魏县教育局：《2018 年魏县家庭经济困难大学新生入学资助项目专项检查报告》。
[3] 《中共魏县县委办公室魏县人民政府办公室关于印发〈魏县家庭经济困难大学新生入学救助工作实施意见〉的通知》（魏办字〔2018〕71 号）。
[4] 资助标准为每生一次性救助 2000—3000 元，主要用于解决大学新生报到的路费、学校助学金发放前的生活费等。重点救助对象包括：1. 建档立卡家庭（含脱贫享受政策家庭）学生；2. 城乡低保家庭学生；3. 农村特困救助供养学生；4. 家庭经济困难残疾学生；5. 烈士子女；6. 家庭遭遇自然灾害、事故灾难、公共卫生事件、社会安全事件等突发特殊情况导致入学困难的学生。见魏县教育局：《魏县家庭经济困难大学新生入学救助工作总结》，2018 年 9 月。

业务，并通过在县城街道悬挂横幅等方式广泛宣传，取得了良好反响。[①] 2018 年，魏县共为 3169 名家庭经济困难大学生办理了国家开发银行助学贷款或农信社助学贷款，共计 2400.6 万元。[②]

三、义利兼顾：稳定乡村教师队伍

由于地区经济发展差异大，贫困地区教育经费开支难以高水平运转，导致贫困地区教师待遇差、补助低，容易向经济较发达地区流失。鉴于此，魏县加大了家庭经济困难教师资助力度，于 2017 年开展了中央专项彩票公益金"励耕计划"和"润雨计划"，奖励优秀的普通高中家庭经济困难学生并资助中小学（含普通高中、中职）和幼儿园家庭经济特别困难教师。2017 年，魏县"励耕计划"共资助家庭经济特别困难教师 65 名；"幼儿教师资助项目"共资助家庭经济特别困难幼儿教师 13 名，两项资助标准均为每人 1 万元。[③] 2014 年以来，已累计资助家庭经济特别困难教师 180 名，资助资金 180 万元，家庭经济特别困难幼儿教师 49 名，资助资金 49 万元。此举缓解了家庭经济特别困难教师的燃眉之急，有助于稳定和增强贫困地区师资力量，也有利于稳定和提高当地贫困地区学校教学水平，保证了必要的教学质量。

为免除贫困乡镇村学校教师的后顾之忧，提高教师的幸福指数，

---

① 《河北省教育厅河北省财政厅中国人民银行石家庄中心支行中国银行业监督管理委员会河北监管局关于引入国家开发银行开展生源地信用助学贷款工作的通知》（冀教资助〔2016〕6 号）；魏县教育局：《国际开发银行生源地信用助学贷款申请指南（2019 年版）》。

② 《魏县教育局教育扶贫工作汇报》，2018 年 11 月 19 日。

③ 《魏县教育局关于开展 2017 年中央专项彩票公益金教育助学项目的通知》（冀教资助函〔2017〕4 号）。

达到"待得下、留得住"的目标，魏县县委、县政府全力以赴，提高贫困乡镇村学校教师的待遇。一是切实提高农村学校教师相应经济待遇，把事业留人、感情留人、待遇留人的要求真正落到实处。在乡镇村工作的教师，享受乡镇教师补贴，每月 200—500 元，同时绩效工资比县城学校每月也高出 20—80 元。二是建设周转宿舍楼，解决农村教师住房问题。2016 年以来，累计投入 3500 多万元，建设农村教师周转宿舍楼 3.4 万平方米，解决了乡村教师住房问题，极大地激发了乡村教师的工作积极性。三是解决年轻农村教师婚姻大事。2016 年以来，县教育体育局每年都联合团县委、县妇联，定期组织开展"鹊桥会"联谊活动，为乡村学校的未婚青年教师牵线搭桥，解决教师的婚姻问题。四是对有突出贡献或较强能力的乡村教师和校长予以晋升重用。每年教师节表彰一大批农村优秀教师和优秀教育工作者。自 2016 年以来，提拔 21 名乡村学校的校长，全县有 210 多名乡村教师分别被省、市、县、乡授予荣誉称号或奖励。魏县对在乡村学校从教 15 年以上、为乡村教育事业作出突出贡献的在职乡村教师和教育工作者给予奖励，每两年组织开展一次申报工作，每次奖励不超过30 人，每人奖励 5000 元。五是职称（职务）评聘向乡村教师倾斜。乡村学校教师专业技术职务（职称）评聘时不做职称外语、计算机、发表论文的刚性要求。在特级教师、名师名校长、学科带头人等推荐、评审工作中，实行乡村教师单列评比的方式。2019 年开始，在农村学校任教满 25 年且仍在农村学校任教的，评聘更高一级职称，不受名额限制，符合基本条件可直接评聘。

通过实施教育扶贫和困难教师资助，有力促进了乡镇村学校教师队伍的年龄结构、学历结构、专业知识结构的合理化。音乐、体育、美术、信息技术、英语等过去稀缺的学科教师已基本得到满足，初步构建了一支学历结构、年龄结构、专业知识结构合理的农村教师队伍。魏县还建立了教师补充长效机制，印发魏县人民政府《关于建立教师补充长效机制的意见》，通过公开招聘、公开选聘、特岗招聘、委托培养免费师范生等方式多渠道补充教师，确保教师配置到位。印发《关于义务教育学校教师校长交流实施方案》，推动优质教师资源向农村或薄弱学校流动，实现教师均衡配置。通过落实好"三区"教师支持计划、国培计划、省培计划和农村学校教育硕士师资培养计划，提高农村学校教师的整体素质。

四、分类施策：以精准培训实现扶智

在教育扶贫政策的实施中，魏县县委、县政府将成人培训纳入精准扶贫策略统筹规划，不断加大对成人的劳务输出和培训投入，根据不同乡镇村产业态势和农民需求，有的放矢地办好各类职业技术教育与技术培训，并后续推荐就业，让培训不落空、被培训者有出路。

（一）送培下乡，输出高素质务工人员

基于魏县人地关系较为紧张、工业和服务业发展滞后的现状，早在 2000 年，县委、县政府就确定了劳务输出助脱贫的方针，积极促进农村贫困人口外出务工。县人社局成立了劳务输出领导小组办公室，为开展相关工作奠定了组织基础。为更好服务外出劳动力和外地用工单位，经过县劳务输出领导小组办公室协调，先后在京、津、青岛、深圳等大中城市成立了 19 个办事处，作为县劳务输出中转站。2001 年，魏县人社局承担路费并由工作人员亲自将劳动力送至用人单位指定地点，继而安排专人负责输出劳动力的外出安置。除了完善政策框架，县人社局积极开拓劳务输出市场，先后与京东方、京东、老才臣、烟台港等 60 多家国内优质企业建立了劳务协作关系。通过"春风行动"招聘会、就业援助月、民企招聘周、金秋招聘月，以及

网站、微信推送，县乡村就业服务机构发布信息等途径完善劳务供需对接机制，促进贫困劳动力劳务输出。

在具体开展工作过程中，魏县人社局克服了诸多困难。例如，由于魏县劳务输出的目标城市大多为京津、长三角和珠江三角地区，与县城距离遥远，外出务工人员与家人联系不畅，容易引发留守家人不理解、不配合的情况。在 20 年前通信不畅的情况下，为安抚家属情绪，避免误解和猜疑，劳务输出办公室配备了专门电话供这些家属使用。为稳定外地劳务输出人员队伍，魏县还提倡乡镇干部可暂停乡镇工作并担任劳务输出管理小组长，跟随外出务工者到劳务输入地工作以稳定工作成果。

凭借良好的组织基础和高效的行政推动，魏县的劳务输出工作成效显著。"实打实"劳务输出品牌先后荣获"全国优秀劳务品牌""全省十大劳务品牌"称号。魏县"劳务品牌带动转移就业"模式被收入《中国劳动力转移就业工作模式解析》一书并向全国推广。2018 年魏县共有贫困劳动力 32288 人，截至当年 12 月，已就业20564 人，共输出贫困劳动力 12246 人。劳务输出可实现一人外出、全家脱贫的效果。如今魏县已经有 28 万名外出务工人员，每年能带回 60 亿元的劳务报酬。

要提高劳务输出质量，加强就业技能培训是根本。为确保劳务输出人员稳定工作，魏县人社局与魏县教育局联合开展工作，针对用人单位需求采取"校企合作""岗位+技能+贫困劳动力"的订单式培训模式，尤其是焊工、厨师、缝纫工、手工加工等就业和创业培训以及扶志扶智培训。通过发展"素质劳务"，打造"实打实"劳务品牌，较好实现了劳务输出由"体能型"向"智能型"转变。[1]

魏县劳动力人口呈现"三个三分之一"态势——三分之一以劳

---

[1] 王伟：《坚持"六个依托"培育新型农民——河北邯郸魏县教育局以智扶贫助力脱贫攻坚》，见 www.qlgov.org/63/68211.html。

务输出方式到外地务工，三分之一在魏县县城务工，余下三分之一留守农村。为此，在具体培训方式上，人社局突破了传统的定点集中培训模式，积极实施"送培下乡进村"，采取长期或短期、集中大班或分散小班、一对一等灵活形式，多途径提高贫困劳动力就业能力。政府在中心村甚至农民家门口开展职业技能培训工作。以培训效果较好的编织汽车坐垫培训项目为例，每年可以培训 1000 人，每次培训持续半个月。由公司运送原料、入户指导农户、检查产品质量并负责销售。这项工作的服务对象主要是留守妇女，让她们在家就能获得务工收入。此外，假发编织、小吃制作也是较热门的培训项目。①

在就业技能培训领域，魏县还依托联办学校，将本地的"弱师资"转化为"强师资"。魏县曾面临农村幼儿园师资严重不足，同时农村建档立卡户子女想居家从事幼儿教育却受制于缺乏专业知识的难题。为进一步提高农村民办幼儿园的办学水平，魏县教育局立足实际，深入全县农村走访调研，并多次开展专题研究，确定以县职教中心为抓手，获得与河北女子学院、邯郸技工学校联办学校的项目。该项目对全县建档立卡贫困户中具有初中以上学历水平且赋闲在家、热爱幼儿教育事业的 550 多名贫困农家女开展培训。通过 5 期普通话、保育员资格、幼师资格等岗前业务知识培训，其中 200 余人取得了保育员和幼师资格证并顺利在本地幼儿园稳定就业，促进了贫困户的脱贫增收和全县学前教育办学水平的提高。同时，对于未取得从事幼儿教育资格的其他人，当地采取分流教育方式，鼓励其继续参加培训学习或就近到扶贫微工厂就业。②

魏县教育局与县人社部门相联合，变"单打独斗"为"抱团发展"，共同举办农村劳动力就地转移培训班（电动缝纫工培训）5 期，

---

① 崔小峰、陈静蕾：《魏县留守妇女家门口参加培训》，见 www.weizhounews.hebei.com.cn/system/2016/08/18/011064922.shtml。

② 王伟：《坚持"六个依托"培育新型农民——河北邯郸魏县教育局以智扶贫助力脱贫攻坚》，见 www.qlgov.org/63/68211.html。

共培训463人，学员全部安排到县连峰服装厂和河北百缝制衣公司工作。依托联办校精英培训学校，开展技能培训提升工作，对农村建档立贫困卡户青年农民开展了厨师、面点师培训班6期，共培训571人，让他们学到了一技之长，开辟了新的就业渠道，促进了增收致富。同时与县工信局合作，开展工业园区信息服务平台技能培训，共培训123人，实现县域企业信息及时反馈，用工信息及时发布，产品信息及时更新，全面服务县脱贫事业，助力脱贫攻坚。

魏县教育局充分发挥县职教中心现有实训设备和教学资源优势，打破学期固定培训模式，变"学闲"为"学忙"。在寒暑假期间开展汽车运用与维修、电气焊、计算机应用与维修、农村电商培训等培训项目，自编了培训教材，培训全县建档立卡贫困人口450人，帮助就业200余人，全面提升了贫困人口素质和技能，拓宽了他们的就业增收门路。

（二）"引凤还巢"，培育高质量创业项目

2018年，魏县共对3726名建档立卡贫困劳动力开展各类就业培训，取得良好反响。通过就业技能培训带动劳务输出，魏县各项工作促进了贫困家庭工资收入提高和生活改善。与此同时，当地政府部门进一步完善创业创新基地建设，促进本地人才回乡创业并带动就业，形成了良性循环。以魏邦创业孵化基地、魏县青年创业孵化基地两处基地为抓手，魏县推动"引凤还巢"战略，引导在外务工经商的魏县人返乡创业。通过完善制度、健全创业服务体系、强化创业能力建设、降低创业门槛，实现"平台建设+培训+项目+资金+服务"工作格局。为打通创业服务联系群众的"最后一公里"，县人社局在22个乡镇（街道）高标准建设了劳动就业社会保障服务所，并增设创业就业服务窗口，招募130余名困难家庭高校毕业生充实到基层工作，提高了基层服务能力。

　　两处创业孵化基地为返乡创业人员免费提供创业场地、政策咨询、项目推荐和培训、开业指导、担保贷款、一次性补贴、跟踪扶持等服务。其中，为解决农民工等人员返乡创业初期资金匮乏难题，魏县配套创业贷款担保基金累计达到480万元。创业担保贷款发放额度已提高至15万元，实现了对有创业愿望的返乡创业人员的全覆盖。通过"双创双服"活动，基地相继开展了"招商路演比赛""创业孵化面对面""上路宣传创业政策""中国·魏邦杯路演比赛""入驻实体精细服务对接""精准扶贫对接"系列活动，促进了创业孵化提质增效，也推动了全县创业工作深入开展。

　　除了做好内部服务工作，魏县人社局还着力提升基地知名度，积极组织报名"第三届中国创冀创业创新大赛河北邯郸赛区选拔赛"、邯郸市首届"双创双服文化节"暨创业成果展示活动，先后获得多个奖项。经过不懈努力，魏邦创业孵化基地、魏县青年创业孵化基地分别被河北省人社厅、财政厅确定为"省级创业就业众创空间"和"省级示范性创业就业孵化基地"。自2018年以来，县人社局共计为36名贫困劳动力开展创业培训。截至2019年6月，两家孵化基地已经签约入驻孵化实体117家，成功创业退出基地实体56家，带动就业587人。9名入驻实体享受高校毕业生一次性创业补贴4.5万元，3人享受创业担保贷款15万元。①

（三）培育新型农民，充实高技能人才队伍

　　魏县高度重视培育新型职业农民，开展了职教中心培训新型职业农民的相关工作。依托县职教中心、河北商贸学校多方师资力量，魏县创新实施了"围绕产业定专业、围绕园区定基地、根据农时定课

---

① 魏县教育局：《魏县人力资源和社会保障局支持创业孵化基地开展创业创新工作总结》，2019年6月12日。

时、根据专业定专家、根据大纲定教材"工作模式，将农村建档立卡贫困人口、致富能手列为主要培训对象。通过把握关键环节，选定市场前景好、经济效益高的产业为培训专业，确定了院堡镇司三家村为食用菌养殖基地、魏城镇西南温村为鸭梨特色种植基地、德政镇前西营村为大棚蔬菜种植基地。[①] 在此基础上充分利用学校教学和培训基地资源，实现了理论与实践同步、培训与基地建设同步、学习与产业发展同步。截至 2018 年 10 月，魏县职教中心已培育食用菌养殖、鸭梨特色种植、大棚蔬菜种植等专业职业农民 220 人，经考核认定初级职业农民 150 人。此外，组织农业科技人员深入乡镇，依托当地的现代农业示范园区、专业合作社和种养殖产业大户开展农产品生产实用技术培训 28 场次，培训农民 1600 余人次，提升了从业人员综合素质。[②]

此外，还开展了以当地大宗农作物种植管理技术为核心的实用技术培训工作。据农广校负责人介绍，2019 年该校获得下拨培训资金 90 万元，以种养殖业技术为主培训 500 人，包括 200 名产业扶贫带头人和 300 名产业扶贫对象。其中产业扶贫带头人在全县公开遴选；产业扶贫对象通过乡政府申报且不限于建档立卡贫困户。农经站每年分两次开展相关培训，每年培训 300 人，主要内容包括小麦绿色高产高效创建技术、节水灌溉技术等。依托系列升级改造，小麦绿色高产高效创建培训基地已经拥有 3 万亩机械化耕作示范田。

县农业农村局下属植保站负责发布病虫害防治和预警信息，通过与县气象局联合开展工作，密切关注气象相关的病害信息，每年发送 20 期病虫害情报，广泛扩散到全县各级有关行政负责人及县植保、乡镇植保、蔬菜大户群等微信群用户。此外，还合理利用媒体开展宣

① 《魏县"冬闲"变"冬忙"加快现代农业发展》，见 www.hdbs.cn/p/11467.html。
② 魏县教育局：《用好"大数据"织密"扶贫网"》，2018 年 10 月 21 日。

传工作，在县电视台开辟"魏县农经"系列专家讲座，县农业农村局技术站的有关干部作为节目嘉宾进行农业技术推广，并保证相关工作常态化进行、广覆盖开展。通过农业技术普及推广和实用农业技能培训，助力当地农业种植养殖业生产能力保持良好增长态势，有效降低了农业灾害致贫、返贫发生率。①

五、魏县教育扶贫实践的经验与启示

教育扶贫作为我国贫困治理的重要路径之一，受到政府和学术界的高度关注。有学者提出，贫困作为一种世界现象，未来人类社会发展将面临两种选择：社会的包容性或限制性，发展的可持续性或停滞性。如果我们选择构建包容性社会和可持续发展，就应当重视对贫困人口的教育投资。② 还有学者提出，正是因为基础教育缺失，贫困地区和贫困人口往往得不到公平的教育，导致其人力资本低下，这是造成贫困人口能力贫困的最主要原因。③ 世界银行的最新研究表明，以世界银行的贫困线为标准，如果劳动力教育年限增加 3 年，贫困发生率则下降 7%。可见，教育对于解决贫困问题具有十分重要的作用，肩负着减贫、脱贫、防贫的历史使命，能够在一定程度上阻断贫困问题的代际传递，是打赢脱贫攻坚战和有效实现乡村振兴的关键举措。因此，需要高度重视贫困地区的教育和人力资源发展，积极探索教育"造血"功能的实现路径，从而构建一个具有高度包容性和可持续发展的和谐社会。

---

① 根据魏县农业农村局干部访谈资料。
② 傅林：《可持续发展式教育扶贫——国际经验与反思》，《天津师范大学学报（社会科学版）》2019 年第 3 期。
③ 李兴洲：《公平正义——教育扶贫的价值追求》，《教育研究》2017 年第 3 期。

教育点亮扶贫路，智力扶贫断穷根。对于贫困家庭来说，教育就是埋下一颗收获的种子，给予贫困人群自己创造美好生活的能力，帮助实现人的全面发展。教育扶贫在中国脱贫攻坚战中扮演了极为重要的角色。魏县作为教育扶贫政策落实的一线阵地，在这场战役中积累了丰富的经验，本部分将结合魏县的现实条件和政策执行情况对魏县"教育为本，斩断穷根"的做法加以总结，力求勾勒出魏县各部门在教育扶贫方面的整体图景。

（一）组织先行，构建教育脱贫攻坚大格局

魏县县委、县政府作为政策的制定者，主动作为，构建各部门共同合作机制，形成了稳定高效的总体政策。建立由县教育局、民政局、扶贫办、残联联合审核，基层学校执行具体操作的工作流程，并完善了财政部门、审计部门等主管机关部门的审查监督机制。

在政策的执行过程中明确职责，针对不同群体明确对应的帮扶机构。具体来说，由教育局和中心校负责学生群体，由人社局负责务工群体的职业培训和配套服务，由农业农村局负责农民农业技术指导和职业培训的相关工作。在具体工作落实中积极与社会力量合作，在控辍保学、送教上门以及全县义务教育营养餐改善计划任务中，魏县教育局作为主导部门，联合县警察局、民政局、扶贫办、残联等部门共同开展工作。在基层学校，设立中心校为主管部门，校长作为第一负责人，统一指挥，亲自部署、协调和督办，各单位设有专人负责相关工作的落实、总结、上报及其他事项的沟通协调。在工作过程中，县长、教育局长、乡（镇）长、村长（村委会主任）、校长互相配合，形成了以中心校为核心、多部门联动配合的教育扶贫模式。

（二）瞄准"精准人群"，打通政策执行的"最后一公里"

1. 摸底排查，建立实时动态数据库

扶贫工作的第一步是确认目标，找准工作发力点，确认"扶谁之贫"。魏县以县教育局为牵头单位，为县域内所有适龄儿童建立了动态信息库，通过建立教育、人社、扶贫、民政、残联等部门联动识别机制，切实摸清辖区内学前、小学、初中、普高、中职各阶段学校（含民办）建档立卡贫困家庭学生的具体情况。首先，将扶贫信息库登记的人口信息与在校生学生档案信息进行仔细核对，核实每一所学校（园）中建档立卡等四类学生在读人数；然后将核对出的实有学生数与实际享受资助学生数进行比对，排查出"应享未享"学生数及资助项目，对排查工作中发现的建档立卡贫困家庭学生"应享未享"问题，立即进行整改，核清有关学生应享受的资助项目、资助标准、享受时段，足额筹集校内资助经费或争取财政资助资金，确保全面覆盖每一名家庭经济困难学生。通过全面信息化、网络化管理，实行"一对一"动态监测和服务，确保了"应享尽享"和"应助尽助"。

2. 全面"改薄"，兼顾公平与效率

教育扶贫工作的重点在于保障每个人能够享受同等的受教育权利，确保教育扶贫工作在起点、过程和结果等各方面切实做到公开公正公平。

针对魏县本地教师队伍师资短缺且结构不合理的问题，魏县积极实施"特岗计划"，不断扩大教师规模，确保特岗教师政策待遇落实到位。与此同时，魏县按照统一的城乡教职工编制标准，制定向农村边远地区和寄宿制学校适当倾斜的治学政策，解决农村贫困地区缺乏

学科教师编制的需求，积极落实乡村教师乡镇工作补助和生活补贴工作，为他们提供全方位的工作生活保障。

针对农村教育基础设施建设相对落后、城乡教育资源投入不均衡等问题，魏县优先改善贫困村所在地薄弱学校的办学条件。一方面，实行"结对帮扶"的对策优化贫困地区学校教学，以县域内优质学校带动贫困乡村学校提升教育水平，如派遣优秀教师下乡支教、开通网络课堂等；另一方面，对贫困村所在地的学校进行标准化建设，优化寄宿条件，将贫困村所在地学校全部纳入"全面改薄"范围，对这些发展薄弱的学校优先安排相关建设项目，"缺什么补什么"，确保贫困地区的学校环境和办学条件达到国家指定标准。

（三）育人为本，打造独具特色的全方位教育脱贫策略

1. 全程护航，为学生排忧解难

学生资助工作作为魏县教育扶贫工作的重要任务，获得了魏县财政资金的多方面支持。政府力图确保不让一个学生因家庭贫困而失学，并在教育发展全过程保驾护航。魏县在整合内部机构的基础上专门成立了学生资助中心，相关学生资助工作基本全面覆盖，从学前教育、义务教育、高中阶段教育到高等教育各个阶段皆制定了相应的优惠政策。

县域内全日制正式注册学籍的建档立卡贫困家庭子女享受免学费、免住宿费、免费提供教科书以及享受国家助学金补助的"三免一助"政策。县域内所有的高等教育阶段的学生皆享受多方政策支持：国家助学贷款、奖助学金、新生入学资助、研究生在校助教岗位津贴和补助、学费减免绿色通道等；针对义务教育阶段的残疾学生和残疾家庭学生，在原本的助学政策上叠加专门的优惠政策和资金补助；针对贫困毕业生，魏县政府建立了专门信息库，实行"一对

一"动态管理和服务，在高等院校毕业生就业信息服务平台上为贫困毕业生推送就业岗位信息，组织相关学生开展就业实习活动、职业技能和创新创业能力培训，并按规定给予补贴，确保落实各项优惠政策措施，建立起真正能够帮助贫困学生提高就业能力的帮扶模式。

2. 消除障碍，脱贫路上"不落一人"

作为河北省的劳务输出大县，魏县因大量农村青壮年外出务工产生了留守儿童问题，使得魏县留守儿童教育工作面临着巨大的压力和挑战。结合本地实际情况，魏县特别重视对农村留守儿童的关爱和保护工作，专门推行"代理家长工作"，构建起将家庭、学校、政府等社会各方力量相结合的留守儿童关爱网络。例如，在留守儿童较为集中的地区，加强寄宿制学校硬件建设，不仅重视留守儿童的学习指导，更加关爱其精神面貌建设；建立了专门的学业档案，并丰富留守儿童校园课余休闲活动；为了加强留守儿童心理健康教育，学校与相关公益组织合作，邀请专业老师以学校或班级为单位举办心理健康教育的相关讲座，并开展主题班会。

为了不落下一名学生，魏县针对残障儿童量身制定了工作方案——成立了魏县特殊教育指导中心，专门负责普通学校随班就读和送教上门的残障学生工作的指导与服务。结合实际的教育资源需求情况，在包含5人以上的残疾学生就读的普通学校设立了配备相关设施用具的专业教室；在5人以下的学校，由所在地的中心校统筹规划教室资源，做到覆盖片区内所有就读学生，实现义务教育的共享发展。针对无法入校的学生，由县特教学校和就近居住地的普通学校共同开展送教上门工作，并针对具体的学生情况合理制订相应的计划和安排，从学生的实际能力出发制定教学方法，注重挖掘残障学生的潜能，提高他们适应社会生活的能力。

3. 普惠大众，助力群众职业发展

20世纪末，为解决本地就业难问题，魏县就率先摸索出了一套政府组织劳务输出的经验，为外出务工人员提供了全方位的服务，并在全国树立了典型。

外出务工为大部分贫困家庭解决了生计问题，针对那些无法外出打工的人群，魏县开展了送技能下乡活动。由县人社局总牵头，各级乡镇干部参与，通过问卷调查的方式，统计了解农民们需要的培训内容，提供相对应的专业培训服务，提升贫困人口实现就业增收的脱贫能力。政府通过购买社会服务聘请专业的培训机构对农民进行指导，做到让农民在家门口就实现非农就业，使得相当一部分人通过技能培训走上了奔小康的道路。

4. 辛勤培育，促进农民增收致富

魏县农业农村局作为农民职业培训牵头单位，内设农广校、农经站、技术站、植保站等股室负责各种培训工作。农广校和农经站针对青年农业从业者，尤其是建档立卡贫困农民，结合多方需求实施公益性农民培养计划，鼓励引导年轻人成为新型职业农民并颁发证书。为了达到最好的培训效果，切实便利农民，选择农闲时节，聘请来自中国农业大学、中国农业技术科学院等国内顶尖院校的农业专家授课，组织农民、种植大户等学习、交流经验，帮助贫困农民提高经济收益。农广校也聘请相关专家下乡给农民普及相关农业种植的科学知识。

（四）用心务实，实行立体化的脱贫与防贫措施

1. 消灭"因贫失教"

魏县教育局坚持"补短板，兜底线"的根本原则，针对贫困地

区学校办学的基础建设和师资教育水平加大工作力度。依托中央、省级、市级各项资助政策，因地制宜开展各项创新举措，建立起较为完整的资助政策框架，形成了从入学前到入学时、入学后的全过程帮扶体系，杜绝学生因贫失学的现象发生。

2. 扶持"依教脱贫"

"依教脱贫"重在"扶志"和"扶智"，即扶植贫困人口的志气和智慧，帮助他们树立一种积极主动改变贫困现状的信念和追求，只有这样才能真正阻断教育的代际传递，帮助贫困人口永绝后患地摆脱贫困，实现发展。魏县的教育扶贫不仅包括传递相关知识技能，更多的是一种思想意识上的扶贫，即帮助贫困人口改变思维模式，主动探索生计发展道路。

3. 实现"凭教就业"

在魏县，一家家扶贫微工厂沿着"四好农村路"而建，分布在大大小小村落中，像一串串珍珠，串起贫困户的脱贫致富希望。为了发展职业教育，带动贫困家庭子女就业，魏县加强职业技能培训，大幅提升了贫困劳动力就业能力。实施职业教育扶贫，坚持"六个依托"，采取以智扶贫的办法，以外出务工、就地就近转移就业和提升农业技能为抓手，以"创业一人、带动一片、激励一方、脱贫一群"为目的，贫困家庭子女通过接受教育，获得了知识和技能，增强了就业能力，基本实现"教育一人、就业一人、脱贫一人"。

（五）多方参与，协同推进多元化的脱贫与防贫机制

1. 开发高校资源

魏县积极发挥高等院校"思想库"和"智囊团"作用，加强与

高等院校的合作，根据本地经济社会发展情况，结合具体帮扶地区制定不同形式的帮扶计划和帮扶对策。充分发挥当地高等院校的专业优势组织开展专题培训，面向行政领导干部，农民技能、技术人才等，帮助相关行政人员加强执政能力、提升管理水平的同时，促进当地各方面人才建设。

具体工作内容包括以下三方面：建立高等院校决策咨询信息系统，该系统包括科学决策咨询、人力资源建设、科技成果数据库、图书馆文献信息系统等，通过系统的运作推动科研成果推广应用；动员市内高等院校、党校等多方人才力量，通过定期的社会实践、送文化下乡的活动形式为村民宣传社会主义先进文化，设置优惠政策鼓励高等院校毕业生优先投身到贫困地区服务工作中，在支教和扶贫工作中促进乡风乡貌文明建设；依托高等院校的学科优势和科技优势，对贫困地区和农村学生招生优先提供政策倾斜，开展高等职业教育分类考试招生改革，鼓励职业院校增加对贫困家庭学生的录取名额等。

2. 搭建"互联网+教育"平台

针对扶贫政策内容的宣传，政府部门充分利用当地网络系统，把相关政府网站、部门网页、微信公众号，本地电视频道、电台等都纳入信息共享系统，全方位利用现代信息化手段助力教育扶贫工作。在硬件建设方面，为大力提升魏县教育信息化水平，加大财政扶持力度，将更多财政资金投入教育工作发展落后地区，加强贫困地区学校教育教学的现代化和信息化建设。为全县的每个课堂安装现代化多媒体教学用具，充分利用邯郸市教育公共服务平台，通过网络学校、直播课堂、网络教研以及举办多媒体教学大赛的形式促进贫困地区共享优质教学资源，全面提升教育质量。

第四章

社保扶贫：兜底"两不愁三保障"

在世界各国的反贫困实践中，社会保障制度扮演了重要角色。随着人们对贫困认知的不断加深，社会保障制度也朝着实现贫困人口机会公平、权利公平的方向不断改进。扶贫与社会保障制度相结合是中国打赢脱贫攻坚战的兜底方案。

党的十八大以来，中央将社会保障作为精准扶贫"五个一批"的兜底工程。2015 年，《中共中央国务院关于打赢脱贫攻坚战的决定》明确指出要坚持扶贫开发与社会保障有效衔接，尤其要发挥农村最低生活保障制度的兜底作用。2016 年，国务院发布《关于做好农村最低生活保障制度与扶贫开发政策有效衔接的指导意见》，要求通过农村低保制度与扶贫开发政策的有效衔接，对符合低保标准的农村贫困人口实行政策性保障兜底，确保到 2020 年现行扶贫标准下农村贫困人口全部脱贫。党的十九大报告进一步明确，按照兜底线、织密网、建机制的要求，全面建成覆盖全民、城乡统筹、权责清晰、保障适度、可持续的多层次社会保障制度。

一、宣传先行：普及社会保障知识

为提高社保扶贫政策宣传，消除脱贫群众的后顾之忧，魏县在宣传工作方面极尽所能，利用各种途径提高政策宣传力度，做到每家每户登门宣传，包括居民医保宣传、就业政策宣传、住房保障政策宣传等。

自 2017 年以来，为促进居民医保宣传工作，提高居民医保政策知晓率，魏县人力资源与社会保障局通过微信公众号、报纸、电视台、村喇叭广播、电视台等多渠道对城乡居民医保政策进行了广泛宣传，有效提高了广大群众的政策知晓率。特别是 2018 年以来，魏县制定工作方案和宣传计划，动员定点医院、定点药店印制了"居民医保综合政策""门诊慢性病特殊病政策""普通门诊报销政策""意外伤害报销政策""大病保险政策"等城乡居民医保有关政策明白纸共计 10 万余份，组织全县扶贫工作队及各乡镇进行发放宣传，在每个建档立卡贫困户家中张贴宣传，做到了家喻户晓。同时，开展医保扶贫政策大讲堂，并制作视频通过微信朋友圈和微信公众号发布；专门制作医保扶贫慢性病政策讲解视频并进行了发布，录制了医保扶贫政策宣讲广播等，扩大了宣传面，使群众全面了解医保政策。

就业扶贫方面，改进宣传方式，加强入户宣传，通过张贴明白纸、喇叭广播、横幅标语、墙体印刷、微信朋友圈、微信公众号等群众喜闻乐见、看得懂、听得明白的方式进行宣传，还在县电视台开辟就业扶贫专栏，组建魏县就业扶贫微信交流群，深入宣传解读就业扶贫政策，提高群众知晓率。

一是印制了《就业扶贫政策明白纸》5 万余份、企业招工信息 18 万份，由帮扶责任人在每个贫困户家中进行宣讲和张贴，确保就业扶贫政策和用工信息家喻户晓。二是印制了《关于对建档立卡贫困劳动力进行免费就业技能培训的再次通知》1000 余份，由乡镇政府发放到辖区内各个行政村，在村内显要位置张贴。同时，印发了《建档立卡贫困劳动力技能培训需求实名登记表》，由帮扶工作队长和帮扶工作人员逐村逐户对有培训需求的劳动者进行实名登记，培训机构电话预约，并做到跟踪服务。三是印制了《魏县建档立卡户贫困劳动力未就业情况排查表》2000 份、《魏县建档立卡户贫困劳动力培训就业情况登记表》6000 份，由帮扶责任人和村干部进行排查登记，做到底数清、情况明，在以后的工作中有的放矢。四是在县电视台开辟就业扶贫专栏，通过就业扶贫培训讲座的方式，向全县持续播放，使就业创业扶贫政策及办理流程达到了家喻户晓。五是组建了魏县就业扶贫微信交流群，创建了就业扶贫微信公众号，对建档立卡贫困劳动力进行线上免费职业指导，线上提供县内外招工信息，就业创业服务、技能培训信息等，努力做到就业扶贫零距离、高效率。

二、四重保障：多方构建健康扶贫机制

魏县整合卫健、民政等部门资源和保险公司社会资源，构建"源头防控—就医减免—兜底救助"健康扶贫衔接保障体系。落实医疗"四重保障"机制，深化家庭医生签约服务，建立贫困户健康档案，推行建档立卡贫困群众住院先诊疗后付费、定期健康检查等，减轻贫困群众医疗费用负担。

（一）民政救助下的兜底保障

魏县统筹实施农村低保、临时救助、医疗救助等各项救助措施，将民政救助兜底保障职能与精准扶贫深度融合，助推脱贫攻坚扎实开展。按照"守住底线、瞄准对象、精准施策"的思路，聚焦社会救助扶贫各项任务，践行保障和改善民生的目标使命，充分发挥民政部门在精准扶贫中的兜底保障作用，守住脱贫攻坚的最后一道防线。

一是加强动态分类管理，做到应退尽退、应保尽保。在低保管理中，坚持动态管理，对贫困群体进行细分。将建档立卡贫困人口中完全或部分丧失劳动能力、无法依靠产业扶持和就业帮助脱贫的家庭纳

入农村低保范围；对于生活困难、靠家庭供养且无法单独立户的成年无业重度残疾人单独纳入低保范围。对于低保家庭中的老年人、未成年人、重度残疾人和重病患者等特殊困难人群，采取增发低保金等多种措施提高救助水平。据统计，2018年通过对建档立卡贫困户进行精准认定"回头看"，将876户2161人建档立卡贫困户纳入低保保障范围。截至2019年，魏县共有农村低保对象11808户25112人，农村低保对象中建档立卡对象16314人，占全县建档立卡总人数的17.3%，农村最低生活保障标准为每年4100元。

二是加大医疗救助力度，形成制度托底合力。魏县创新推行医疗救助"一站式"结算服务工作，加强医疗救助与基本医疗保险、大病保险的有效衔接。对建档立卡贫困人员住院对象，经基本医疗保险、大病保险报销后的自付医疗费，按80%的比例进行救助，解决建档立卡贫困户"报销难"问题。对建档立卡户中参加城乡合作医疗个人缴费部分进行全额资助，自2019年以来，全县7.4万多名贫困人口已全部参保，在各定点医院住院均实现了一站式报销服务，建档立卡贫困人口共计住院报销1.7万多人次，符合报销合规费用超过9100万元，"三重保障线"（基本医疗保险、大病保险、医疗救助）一站式报销8900余万元，报销比例达到98%，医疗保障水平不断提高，群众满意度迅速提升。

三是发挥临时救助作用，尽力解决群众燃眉之急。魏县进一步优化临时救助审批程序，建立乡镇临时救助备用金管理制度，下拨各乡镇1957万元，统筹调度和安排年度民政临时救助资金，提高救助时效，解决城乡困难群众遭遇的突发性、紧迫性、临时性生活困难。

（二）卫生健康保服务

自2018年以来，魏县大力开展健康扶贫工作，从源头上建立防贫机制，为贫困群众撑起健康保护伞。魏县创新"互联网+健康"服务，建成医联体、医共体各 2 个，贫困户家庭医生签约服务率达到 100%，"健康小屋"实现乡镇卫生院全覆盖。创建健康家庭示范户 1 万户，成功举办六省市区域协作签约仪式暨流动人口健康服务启动仪式，受到国家卫健委的高度评价。此外，魏县创新实施以中医院负责人带头，以扶贫工作队负责人为成员的健康扶贫领导小组。采取开展双签服务、先诊疗后付费服务、基层首诊服务、义诊服务等方式，在健康扶贫方面持续发力，让贫困群众患者充分享有健康扶贫医疗改革带来的民生红利，实现病有所医。

开展"先诊疗后付费"服务。2018 年，魏县针对建档立卡贫困户，启动实施"先诊疗后付费"扶贫政策，贫困群众不仅治好了病，还减轻了看病的经济负担。为把此项惠民举措做实做好，不断优化诊疗流程，完善相关制度，在实际操作和多次调研的基础上，形成了一套完善科学的"先诊疗后付费"管理机制，切实解决了贫困患者看病贵、看病难问题。

开展"双签"服务。即由医院医疗业务骨干组成的扶贫医疗团队与贫困患者签约，驻村工作队与贫困患者签约。凡签约的贫困群众，医院为他们建立健康管理档案，实行动态管理，定期为他们提供健康体检、健康宣教等服务，为他们全程代办慢性疾病申请和评残工作，同时享受"先诊疗后付费"和就医转诊"绿色通道"等优惠政策。2018 年以来，中医院共完成困难群众签约 12 余万人，建档立卡贫困人口签约率 100%，因病致贫、因病返贫人口签约率 100%，重点人群签约率 100%。

强化基层首诊服务。为充分发挥医院名医优势，在乡镇卫生院和村卫生室挂牌成立了"健康小屋"，让医院专家定期坐诊，开展健康指导、健康干预、慢病防治及中医治未病宣传等活动，使贫困患者足不出村就能享受到优质的医药诊疗服务。魏县以 100 名二级医院"健康小屋"专家为技术支撑，300 名乡镇卫生院全科医生为主体和 1200 名乡村医生配合，共计 1600 人，组成 561 个家庭医生签约服务团队，涵盖 561 个行政村。优先对高血压、糖尿病、肺结核、重症精神病等重点人群以及建档立卡贫困人口进行签约，根据签约对象不同健康情况和需求，开展"一对一""面对面"健康管理服务，提供健康体检、健康指导和有针对性治疗建议。家庭医生签约服务对建档立卡贫困人口实现了签约履约全覆盖。自 2019 年以来，家庭医生签约 74964 人，履约全覆盖，通过家签服务使防治关口前移，并打通了分级诊疗绿色通道，做到了未病先防，有病早发现、早治疗，从而减轻了群众患病就诊经济负担。开展县域贫困群众全覆盖义诊服务。根据贫困群众分布、人群、病种等客观因素，对全县 561 个行政村的贫困群众进行全覆盖义诊服务活动，为贫困群众进行免费体检、健康指导、健康宣教、饮食指导、治未病宣传等。自 2017 年以来，中医院接受义诊贫困群众超过 8 万人次，免费体检群众 5 万余人次，发放健康宣教资料 6 万余份，发放医疗减免卡 2 万余张，受到贫困群众的一致好评。

此外，为了方便快捷做好慢性病申报报销工作，降低建档立卡贫困人口慢性病申报评审门槛，放宽慢性病申报病种数量，并在大厅和各医院窗口专门设立了贫困人口慢性病绿色通道，符合慢性病条件的贫困人口可随时申请，每月认定一次，重大慢性病随时认定，随时发证。同时，根据贫困人口住院报销信息，对符合慢性病标准还未办理认定的贫困人口，医保局快速排查认定，安排专人即时办理。截至 2018 年底，共计为 7035 名贫困人口办理了慢性病证书，慢性病在各定点医院均已实现联网直报。自 2019 年以来，共报销贫困人口慢性病 5700 人次，医保基金报销 550 万元。

案例：党的政策真伟大，有了大病也不怕

"都是因为党的好政策，我才能活过来。"这是北皋镇南刘岗村民刘忠梅经常说的话。刘忠梅家有 6 口人，其患有双侧股骨头坏死，被疼痛折磨了 10 年，丧失了劳动能力。妻子也患有慢性病卧床，儿媳在家照顾两个上学的孩子，家庭经济来源主要靠

儿子在外打零工和低保补助，生活十分艰难。常年的疾病折磨和拮据煎熬的日子使他几乎丧失了生活信心。医生宋成海是他的家庭签约医生，当了解到他的家庭情况后，除正常上门履约外，还同北皋中心卫生院的扶贫小组一起，先后多次入户探望，并制订专门帮扶计划。为其宣讲政策，给予心理疏导，鼓励其增强战胜病魔的信心。利用"对口支援"政策，请求上级专家帮助，为其联系对口支援单位北京航天医院朱教授帮扶，指导魏县中医医院骨科一次完成了双侧股骨头置换手术。刘忠梅在住院期间享受了先诊疗后付费，自费金额仅 2432 元，大大减轻了经济负担。手术后，家庭签约医务人员按约上门进行康复服务，免费进行健康体检和中医药保健。

刘忠梅 2018 年 9 月手术后，经过 1 个多月治疗，恢复较好，现已能够干农活并在村附近打零工，3 个月收入近 1 万元，极大改善了家庭经济状况。在这一年时间里，刘忠梅从受病魔摧残悲观厌世，到如今身心健康，且能正常打工挣钱，正是因为党的健康扶贫政策，才使这个家庭享受到生活的幸福和快乐。

三、危房改造：保障基础居住条件

农村危房改造作为落实"两不愁三保障"的一项关键举措，对于切实改善农村困难群众住房条件、实现困难群众"住房安全有保障"的目标具有重大意义。魏县农村危房改造工作自 2010 年启动以来，已帮助困难群众改造农村危房 6400 户，有效解决了 2.6 万农村困难群众的住房问题。自 2016 年 11 月住房城乡建设部、财政部、国务院扶贫办联合发布《关于加强建档立卡贫困户等重点对象危房改造工作的指导意见》以来，建档立卡贫困户、低保户、农村分散供养特困人员和贫困残疾人家庭 4 类重点对象被放在农村危房改造优先位置。截至 2019 年 8 月，魏县 4 类重点对象的安全住房问题已全部解决，累计投入 7500 余万元，完成装配式危房改造 1367 户，受惠群众 3000 多名。

（一）温暖有依：危房改造政策内容

近年来，魏县针对危房改造工作连续发布了年度工作计划及实施方案，确定了魏县危房改造的补助对象、补助标准、改造方式等基本要求。

1. 补助对象：农村危房改造补助对象必须同时符合两个条件：一是经济上最贫困的农户；二是居住在最危险的房屋中。2017 年以后，只针对建档立卡贫困户、低保户、农村分散供养特困人员、贫困残疾人家庭等 4 类重点对象实施农村危房改造。

2. 补助标准：新建每户补助 2.4 万元，修缮加固每户补助 0.9 万元。

3. 资金发放程序：农村危房改造竣工并报请验收后 15 日内，县住建局组织竣工验收，将验收合格达到补助资金拨付条件的农户名单提供给财政部门，并提请财政部门在验收后 30 日内将补助资金按照当年补助标准足额支付到农户"一卡通"账户。

4. 改造方式：4 类重点对象认定后，由住建局组织对其居住的房屋进行鉴定，其唯一住房危险程度达到 C 级的，对房屋进行修缮加固；危险程度达到 D 级的，对房屋进行原址翻建。

5. 改造标准：4 类重点对象改造房屋的建筑面积，原则上 1—3 人户控制在 40m² —60m² 以内，且 1 人户不低于 20m²、2 人户不低于 30m²、3 人户不低于 40m²；3 人以上户人均建筑面积不超过 18m²，不低于 13m²。

6. 申报程序：严格执行农户申请、村民会议或村民代表会议民主评议、乡镇审核、县级审批的补助对象认定程序，规范补助对象的审核审批。

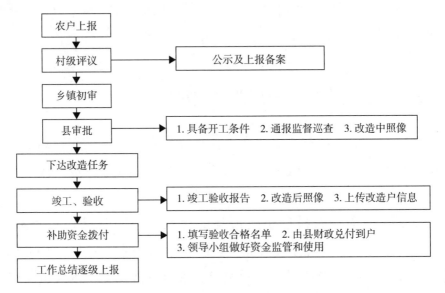

图 4-1　魏县农村危房改造的申报流程

　　针对补助对象，魏县坚持公开、公平、公正原则，进行精准确定。建档立卡贫困户由县扶贫办认定；低保户和农村分散供养特困人员由民政局认定；贫困残疾人家庭由残联与扶贫或民政部门共同认定，各部门协作精准确定危房改造补助对象，保证应改尽改、一户不漏。

　　为切实解决贫困群众基本住房安全问题，魏县实行多措并举。一是针对农村建档立卡贫困户、低保户、农村分散供养特困人员和贫困残疾人家庭 4 类危房改造自筹资金能力极弱的群体，按照省、市相关政策，魏县统筹涉农整合资金，采取政府兜底，给予装配式住房改造。装配式住房改造分三种户型，分别为 36m²（两室）可满足 1—2 人居住；53m²（三室）可满足 3—4 人居住；64m² 左右（四室）可满足 4 人以上居住。二是对于有能力自行改造的，乡镇政府帮助指导选址和施工。

（二）广布于众：联动多方进行政策宣传及动员

魏县农村危房改造从建立健全领导机制入手，成立由县委副书记任组长，有关职能部门、21个乡镇（街道办）乡镇长为成员的全县农村危房改造领导小组，并根据岗位变动于每年上半年调整农村危改领导小组名单，做到"换人及时补，领导不掉链"，强化组织保障，落实县乡村三级责任。

加强危改业务培训，发挥乡镇危房改造主管人员的核心齿轮作用。魏县高度重视乡镇危改主管人员连接县级部门和农村两委人员岗位属性，始终把调动乡镇主管人员的积极性作为工作重点，在党政工作支持、干部提拔任用等方面予以倾斜，充分调动其工作主动性。每年农村危改启动前，集中开展乡镇农村危房改造业务培训，宣传省、市年度农村危房改造政策，培训危房登记鉴定、质量安全、档案收集整理等专业知识，增强业务能力。同时，发挥驻村工作队帮扶作用以及村两委成员战斗堡垒作用，配合乡镇，安排专业人员到乡镇村开展业务培训，取得了良好的宣传动员效果。特别是2017年，魏县采取政府财政兜底，对1236户建档立卡贫困户实施装配式改造。装配式建筑作为新兴建筑材料，群众普遍认可度不高，针对建档立卡贫困户的"能不能住、能住多长时间、居住舒适度"等问题，魏县一方面通过村镇两级人员做宣传，另一方面在魏县沙口集乡开展装配式危房改造示范建设，率先改造危房43户。由于装配式建筑省时省力、入住快、密封度高、门窗屋一体等优点，很快打消了群众的顾虑，为年度危改工作顺利进行以及随后的危改工作奠定了坚实的思想基础。

（三）审慎辨别：严格危房改造资格审核

魏县始终将公平、公正、公开作为全县农村危房改造的生命线，从危改资格评审的村民评议到乡镇审核把关的乡镇公示，再到县级部门抽查核实和县级公示均建立起了责任追究机制，做到了三个转变。

一是把权力下放。在严格落实农村危房改造村民自愿申请、乡镇把关审批的过程中，将原先全程参与的职能部门抽离，让村两委和乡镇政府当主角"唱大戏"，让真正知悉群众生活居住条件的村两委人员、乡镇包村干部、驻村工作队评选危改户，乡镇危房改造主管人员进行审核，有关县直部门负责监督、技术指导、资金发放。

二是强化责任监督追究。为保障危改资格公平公正，魏县纪委监委（监察局）、审计局主动参与到全县农村危房改造工作中，建立资金监管组和审核抽查组，县审计局负责对危改资金筹集拨付进行监督，严查挤占、挪用、贪污等线索；县纪委监委（监察局）负责抽查危改户资格、实际建设情况，以及核查农村危改中出现的违纪违规问题，严明扶贫攻坚工作纪律。

三是严格修缮与翻建标准。危房改造过程中，群众中不时出现要改造就新建的错误想法，甚至因新建而上访的问题。针对此类群众，一方面严格按照全省农村危房鉴定标准组织鉴定，加强县乡村三级鉴定结果核对；另一方面由村两委人员组织入户讲解政策、说清原则，消除部分群众侥幸心理。

（四）未来可期：建立危房改造长效机制

根据全国脱贫攻坚工作安排，贫困县脱贫摘帽后"不摘责任、不摘政策、不摘帮扶、不摘监管"，即脱贫后建档立卡贫困户继续享有医疗、养老、住房、子女就学等优惠政策，优先保障农村建档立卡贫困户、分散供养特困人员住房安全，是确保全县脱贫攻坚与乡村振兴有效连接的重要任务之一。因此，魏县建立起年度排查、乡镇审核、县级批准等一整套后续保障制度。

一是建立农村危房改造后续保障措施。建立了全县农村危房改造长效管理机制，明确规定每年春季农村危房排查，乡镇统计，住建部门实地核实，核实通过的纳入全县年度危改范围，县财政统筹安排资金予以保障。对改造能力较弱、无改造能力的优先采取政府兜底改造。同时，建立动态改造模式，针对因雨季等极端天气造成农村危房的，一旦发现及时组织改造。2018 年，在年度既有排查改造计划基础上，魏县在后期收集危房信息过程中，将 78 户增补至年度危房改造计划中。

二是进一步严格危房改造资格。结合农村贫困老人养老问题，魏县明确规定农村贫困老人家庭子女有安全住房的不得列入危房改造范围，子女确实无能力给父母提供安全住房且无法共同居住的，由乡、村作出情况说明，由县住建部门实地审核纳入年度改造范围。

（五）有据可查：完善危房改造档案管理

收集、整理和完善农村危房改造档案，规范档案管理，是加强农村危房改造工作一项重要的基础性工作。魏县从建立健全档案管理队伍、理顺档案收集整理、建立相关制度入手，严格落实危房改造一户一档，独立成册，确保全县农村危房改造工作规范有序。

一是建立档案管理队伍，落实县乡两级档案收集整理责任。根据工作需要，以县住建部门为牵头单位，将全县 21 个乡镇（街道办）纳入农村危房档案管理体系，每个乡镇明确一名主管副职，两名专门档案管理人员，乡镇负责年度行政区域内档案收集整理，县住建部门专人负责各乡镇危改建档工作检查指导、联系收集工作。

二是建立档案管理规范。乡镇工作多、繁、杂，一些基层干部人员往往身兼数职，为规范农村危房改造档案管理，消除档案信息反馈慢、散、不规范等问题，魏县建立了全县农村危房改造档案管理办法，从村级贫困户评审，房屋鉴定、改造进度等信息收集，到验收资料整理，再到资料归档、送审、保管查询等均作出细致规定，要求各乡镇批准一户，建档一户，县级审核一户，并明确将档案管理工作纳入全县乡镇年度绩效考核内容，有效督促了乡镇档案收集整理。

三是强化日常督导检查，建立督导加反馈机制。针对乡镇人员业务知识匮乏的现实，魏县在加强乡镇负责人员档案业务培训的同时，由县住建部门5人分片负责21个乡镇（街道办）档案检查指导、联系收集工作，根据年度改造任务节点，灵活对各乡镇农村危房改造档案建立工作开展督导检查，做到反馈、整改常态化。同时，落实危改信息录入月调度制度，加强评比，做到危改纸质档案与电子档案同步管理，全国扩大农村危房改造试点农户档案管理信息系统及时录入。

（六）阳光透明：加强社会监督机制

强化内部工作责任落实，引入广泛社会监督是保障农村危房改造公平公正的重要法宝。

一是将村级公示作为农村危房改造重要关口。严格落实县乡村三级公示制度，重点加强村级公开公示，由乡镇安排专门人员参与村民代表大会民主评议，民主评议结果在村庄显著位置公开，且公开时间不少于7日，住建部门随机检查，留档备案。

二是充分利用各类公开平台。魏县农村危房改造实行操作程序公开、补助对象公开、补助标准公开"三公开制度"，将补助对象的基本信息和各个环节的结果在村务公开栏进行公示，并根据危房改造时间阶段安排乡镇政府在当地政务栏公开危改信息，确保农村危房改造过程公平、公正。同时，在村级政务公开栏公开县委书记、县政府县长、纪委监委电话，积极接受群众监督。

三是引入监督执纪部门。为保障农村危房改造资金使用规范，工作程序规范，魏县先后组织县委巡查办、审计部门对农村危房改造进行蹲班巡查或审计，审计出不符合危房改造条件等问题1个，立行立改3件。同时紧密结合监督执纪问责专项活动，开展了全县农村危房改造领域监督执纪问责活动，坚持把自查自纠作为突破点，深入查摆问题，加快解决农村危房改造领域侵害群众利益各类问题，累计查摆各类问题 1 个，并得到有效解决。

三、防贫保险：引入市场机制助扶贫

魏县在深入调研和大数据分析中发现，全县 80 多万农村人口中，存在一个特殊且尴尬的群体：有的是虽已脱贫但收入不稳定，随时存在再次致贫的风险；有的不是建档立卡户，享受不了国家政策，但是收入低、基础差，可能会滑向贫困境地。他们的共同特点是处于一个低收入"夹心层"，这类人群占当地农村人口的 10%，这些低收入人群一旦家庭成员生大病或者出现较大的灾害事故，极容易致贫。为此，魏县创新性引入社会参与机制，首创一项保险——精准防贫保险，为贫困边缘群众的生活再添了一把"安心锁"。

为有效防贫，很多地方选择了购买保险，魏县也不例外。但此类保险险种，都是"保到人头""保到户头"，稳定性强，但动态性弱。因此，创设一种针对某一类群体而非单纯贫困户的扶贫保险，有助于更大程度上实现保险覆盖对象的稳定性与保障范围的稳定性，从而突破旧有扶贫保险存在的不足。基于此，魏县与中国太平洋保险公司达成协议，合作创设了全国第一份"精准防贫保险"。这一特殊险种的最大特点是不针对"一个人"，而是"一类人"，且保险金"多退少补""余额结转下一年度"，此举不仅做到了"少花钱、多办事"，也推动了保险创新，实现险种由"定人定量"到"群体共享"的转变。魏县"防贫保险"的具体做法可以用"1234"来描述。首先，魏县县财政设立 400 万元的防贫保险金，按每人每年 50 元保费标准为全县 10% 左右的农村人口购买保险，目标群体由中国太平洋保险公司负责识别。其次，划定两条界线：一条是防贫检测线，依据教育、人社等部门对农村人口就医、就学等大数据分析，分类评定，将花费超过这条线的"两非"户纳入防贫重点对象；另一条是防贫保障线，将家庭年人均收入低于国家现行农村扶贫标准1.5倍的户纳入防贫范围，对符合救助条件的发放补偿金。瞄准因病、因学、因灾三大重点，每类防贫对象在救助上划分不同区间给予救助。最后，县级人民政府、各乡镇、村庄和保险公司四方联动，按照信息收集、调查核实、评议公示、审批备案、资金发放"五步工作法"，确保救助金及时到户。

从2018年起，魏县各级扶贫干部每月定期自上而下，扎实开展防贫月排查活动。排查活动由三级干部负责，对包联网格内的农村户籍人口全面排查一遍，特别是对因病因学因灾等可能致贫返贫的重点关注、及时上报，纳入防贫工作程序，经保险公司核查符合条件的，按照相应规定予以救助。

具体包括如下策略：

一是信息收集。由人社、教育、民政等相关部门按照因病、因学、因灾等不同监测线，框定防贫对象并将其相关信息报告县防贫办公室。

二是情况交办。县防贫办公室接到相关信息后，以委托书的形式转交"第三方"（中国太平洋保险公司）逐一调查核实。

三是调查核实。由"第三方"依据县防贫办提供的需核实对象名单，组织人员逐户走访，核实验证家庭人口、收入、重大开支、致贫返贫风险等情况。调查取证结果反馈县防贫办公室。

四是结果交办。县防贫办公室以乡镇为单位进行任务转办，实施评议、公示。

五是评议公示。由涉及乡镇按村进行任务分解，对调查结果进行评议、公示（为期5天），无异议的，将人员名单连同评议记录、公示照片等交至乡镇，再以乡镇为单位上报县防贫办公室。

六是审批备案。县防贫办公室负责对有关乡镇上报结果进行审批、备案，并通知保险公司发放防贫保险。

七是资金发放。由县保险公司对照审批名单，采取集中发放与进村入户相结合的办法发放保险金（银行卡），并由银行工作人员当场激活（对于行动不便的群众直接入户送达并激活），并将有关凭证上报县防贫办存档。

同时，为防止因防贫对象监测不全而出现漏查、漏报，防贫办公室印发防贫政策明白纸张贴到各村，并在各村设立防贫工作站，乡镇设立联络员，接受群众咨询、申报。此外，为提升效率，还在保险公司设立防贫专柜，在张家口银行设立绿色通道，最大限度为办理群众提供方便。

2017 年，魏县人民政府和中国太平洋保险魏县分公司共调查11564 户，有 927 人符合纳入防贫保险机制的条件。自 2018 年以来，魏县救助防贫对象 863 户，发放防贫保险金 986 万元，未出现一例新增致贫返贫对象。值得注意的是，防贫保险这一措施针对的是边缘贫困户，还在一定程度上缓和了贫困户和非贫困户之间的矛盾。

四、魏县社保扶贫实践的经验与启示

（一）多级联动：提高社保扶贫效率

魏县坚持县、乡、村和第三方四方联动，明确分工、各有侧重、相互配合、密切协调，建立了环环相扣、衔接顺畅、高效快捷的社保扶贫工作流程。

1. 明确责任分工。明确县、乡、村三级医疗卫生机构任务分工，逐级落实责任，形成上下联动、通力合作、各司其职的工作格局。列出任务清单、责任清单、措施清单、结果清单，明确日程表、路线图、责任人，定期召开协调会、调度会、推进会，摸清基层底数，确保各项工作任务落地见效。

2. 严格督查问效。组织专项督导组对社保扶贫质量提升工作进行定期督查，以督导考核倒逼责任落实，有针对性地加强回访抽查、跟踪问效。对工作落实情况开展阶段性、经常性专项督查检查和不定期抽查，持续发现问题、整改问题，确保实效。严格责任追究，对因重视不够、工作不实、指导推动不力，造成严重后果或不良影响的，严格追责问责，确保工作取得实效。

3. 营造浓厚氛围。畅通就业、医保、住房等扶贫政策宣传和咨询渠道，并向社会公布县、乡咨询电话。细化考核准则，重点突出宣传成效考核，督促基层增强做好宣传社保扶贫政策的责任感、使命感，做到扶贫政策家喻户晓，奠定良好的群众基础。

（二）分类施策：细化社保扶贫内容

魏县整合卫健、民政等部门资源和保险公司社会资源，构建"源头防控—就医减免—兜底救助"扶贫衔接保障体系。落实医疗"四重保障"机制，深化家庭医生签约服务，建立贫困户健康档案，推行建档立卡贫困群众住院先诊疗后付费、定期健康检查等，减轻了贫困群众医疗费用负担。把农村危房改造作为落实"两不愁三保障"的一项关键举措，自2010年启动以来，已帮助困难群众改造农村危房6400户，有效解决了2.6万农村困难群众的住房问题，切实改善了农村困难群众住房条件，实现了困难群众"住房安全有保障"的目标。

（三）未雨绸缪：首创商业防贫保险机制

"防贫保"是魏县将商业保险机制引入政府扶贫工作，立足控制贫困增量，创新推出的国内首款商业防贫保险，其针对临贫、易贫人群因病、因灾、因学三大致贫、返贫因素，提供防贫托底保障，开创了"未贫先防"保险防贫新模式，有效解决了边脱边返、边扶边增的"沙漏式"扶贫难题，为保险业运用市场化手段开展精准扶贫积累了经验，也为国家在 2020 年之后建立"脱贫不返贫"长效机制提供了重要思路。在传统扶贫过程中，一直是政府主导实施，而魏县结合实际情况，将中国太平洋保险公司纳入扶贫主体中，引进了市场化运作模式，为防贫兜底上了一把市场"强心锁"。

第五章

易地扶贫搬迁：拔除穷根的
关键之举

易地扶贫搬迁工作是解决"一方水土养不起一方人"问题的根本之策。国家发改委作为牵头易地扶贫搬迁工作的部门，专门出台文件表示，要在充分尊重群众意愿的前提下，坚持易地扶贫搬迁与新型城镇化、农业现代化建设相结合，坚持"挪穷窝"与"换穷业"并举，加大投入、创新机制，因地制宜、综合施策，确保实现搬迁一户、脱贫一户，坚决打赢易地搬迁脱贫攻坚战。[①]

易地扶贫搬迁是指将居住在自然条件和生存环境恶劣、不具备基本生产和发展条件地方的贫困人口搬迁到基础设施较为完善、生态环境较好的地方，改变其现有的居住环境、生活和生产条件，使其能够融入现代社会，跟上现代社会发展的步伐，接收到更多信息，受到更好的教育，为其彻底脱贫致富创造条件。

回顾我国易地扶贫搬迁实践，可以将易地扶贫搬迁工作划分为三个阶段，即试点探索、全面推进、攻坚脱贫。创新搬迁管理机制，具有"中央统筹、省负总责、县抓落实"的三级管理体制，政策维度类型与内容不断丰富，初步形成了具有中国特色的易地扶贫搬迁政策体系。主要有四方面内容：（1）"搬哪些人"——精准瞄准迁出区搬迁对象；（2）"迁哪去"——搬迁方式与安置方式；（3）"稳得住"——财政金融政策与基本公共服务设施；（4）"能致富"——后续脱贫发展与保障措施。

[①] 《国家发展改革委关于印发〈全国"十三五"易地扶贫搬迁规划〉的通知》，2016 年 10 月 31，见 https://www.ndrc.gov.cn/xxgk/zcfb/ghwb/201610/t20161031_962201.html?code=&state=123。

一、漳河之患：致贫的潜在风险

（一）魏县水患受灾历史

魏县地处漳河冲积区。漳河原是黄河的一条支流，属黄河水系，因其横流入黄河，故称"衡漳"。漳河是海河流域仅次于永定河、居第二位的多泥沙河流，而泥沙淤积主要是在魏县县域的下游河道。

新中国成立以来，漳河发生多次水灾，魏县人民生活遭到极大危害。

1953 年 8 月 2—8 日，漳河水暴涨，流量达 1959 立方米/秒，4日夜 2 点南堤决口于南双庙村，口宽 40 米，淹 121 个村，淹粮田 0.3万公顷，塌房 163 万多间，死 2 人，伤 3 人。

1956 年 7 月下旬，连降暴雨；8 月 3 日，漳、卫两河决口共 123处，392 个村庄 6.4 万公顷耕地被淹，倒塌房屋 92331 间，死 75 人，伤 224 人，形成特大水灾。

1962 年 8 月 22 日，5 个区沥水成灾，淹苗 4395.1 公顷，倒塌房屋 592 间，砸死 4 人，伤 31 人。

1963 年 8 月，特大暴雨洪水造成特大水灾，全县 535 个村庄全部被淹，淹地 65.5 万公顷，成灾区 98%，70%房屋倒塌，死 91 人，重伤 581 人。

1969 年 7—9 月，连降暴雨 518 毫米，使 0.1 万公顷耕地积水。

1976 年 7 月，连降大雨，全县 10000 公顷庄稼被淹。

1977 年 7—8 月，特大暴雨成灾，累计降雨 390 毫米，淹地 5.2万公顷。

1994 年，大暴雨，全县受灾严重，房屋及财产受损，生活用品、生产资料基本浸泡，埋没 72 户，178 间房屋。

1996 年 8 月，漳河行洪 1470 立方米/秒，持续了 30 个小时，接近漳河保证标准，漳河两堤之间的 0.7 万公顷农田被淹。

2003 年夏，天气持续阴雨达 15 天之多，导致大秋作物严重减产；秋，严重洪涝，因灾造成玉米等大秋作物大量减产，受灾面积 10 万亩。

2009 年 11 月 12—13 日，普降暴雪，积雪深度达 25 厘米，蔬菜大棚以及民用钢架棚多数倒塌，损失严重，直接经济损失达 11384.3 万元。[①]

（二）历史上的防洪备汛举措

1953 年 7 月下旬连降大雨、暴雨，7 月、8 月、9 月三个月降雨 494.3 毫米，占全年降雨量的 73%。8 月 3 日，漳河洪水上涨，魏县县委号召沿河村庄青壮年，除维护治安人员外全部上堤，当晚上堤人数达 2235 名，对堤防进行抢险加固。

1956 年 6 月、7 月、8 月三个月降雨 702 毫米。7 月下旬连降大暴雨，上游山洪暴发，漳、卫河水位猛涨，漳河蔡小庄段最大流量达 2000 立方米/秒，超过了设计流量（1500 立方米/秒），持续近 1 个小时，堤岸多处决口，4 万余名干部、群众奋力抢险，堵塞隐患漏洞 500 余处。

1963 年 7 月 6 日，全县普遍降暴雨 93.8 毫米，漳河流量由 200 立方米/秒增加到 300 立方米/秒。8 月 2—9 日，8 天连续降雨 480—600 毫米。再加上 8 月 7 日，岳城水库下泄流量由 2500 立方米/秒增到 3500 立方米/秒，魏县发生特大洪涝灾害。县委、县政府组织抢险技师 6 人、技工 150 人、民工 1720 人，马车、排子车 73 辆，拖拉机

---

① 魏县志编辑委员会编：《魏县志》，中州古籍出版社 2010 年版，第 138 页。

11 台，投入抢险。7 月 12 日，邯郸专署水利局支援片石 1200 立方米。同时，河北省批准从 7 月 17 日起，岳城水库闭闸 2 天，为抢险创造条件。8 月 4 日，县、区、公社共组织 3500 多名干部职工投入抢险。干部群众同甘苦共患难，先后抢救出灾民 2.4 万人，牲口 2000 多头，粮食 200 多万公斤。

1977 年 7 月 25 日，全县普降暴雨 14 个小时，集中降雨 190.8 毫米。到 8 月 6 日，全县平均累计降雨 458.1 毫米。临漳、成安两个邻县入境的沥水俱增，漳、卫河水顶托，下游排水不畅，大大加重了灾情。7 月 26 日，县委召开紧急电话会议，动员全党，发动全民，迅速投入抗洪排涝的斗争。全县组织 2500 名干部职工迅速赶赴社队，帮助排涝。全县投入排涝劳力达 21 万人次，动用各种机具 13 万多台（件），排除积水面积 1.9 万公顷。

1996 年 8 月 3—5 日，邯郸市各县及山西东南部地区遭受 30 多年未遇的特大暴雨，海河发生流域性大洪水，岳城水库最大入库流量达 8000 立方米/秒，漳河蔡小庄水文站最大行洪流量为 1470 立方米/秒，魏县县委、县政府组织全县干部群众严防死守漳河大堤，在郭枣林网格坝组织抗洪抢险，保证漳河左堤安全，行洪区群众遭受巨大经济损失，大量防洪工程被冲毁。[①]

二、多方联动：易地扶贫搬迁政策先行

为改善魏县漳河河道内洪水频发区居住人口的生产生活条件，魏县于 2016 年启动"十三五"易地扶贫搬迁工程。魏县全面贯彻落实习近平总书记关于做好易地扶贫搬迁工作的重要指示和中央扶贫开发

---

① 魏县志编辑委员会编：《魏县志》，中州古籍出版社 2010 年版，第 255—256 页。

工作会议、国务院易地扶贫搬迁电视电话会议精神，按照河北省委、省政府关于坚决打赢脱贫攻坚战的决策部署，对居住在漳河河道内12个村庄的贫困人口实施易地扶贫搬迁。魏县加大政府投入力度，创新融资模式，完善搬迁后续扶持政策，着力改善搬迁群众的生产生活条件和发展环境，有效提高搬迁群众收入水平和公共服务保障能力，确保搬迁对象搬得出、稳得住、有事做、能致富，与全县人民同步迈入全面小康社会。

（一）绘制蓝图：中央统筹规划

从"十二五"到"十三五"的这5年期间，国家通过实施易地扶贫搬迁工程，建设了一大批安置住房和安置区水、电、路、气、网等基础设施，以及教育、卫生、文化等公共服务设施，大幅改善了贫困地区生产生活条件，有力推动了贫困地区人口、产业集聚和城镇化进程；引导搬迁对象发展现代农业和劳务经济，大幅提高收入水平，加快了脱贫致富步伐；改变了搬迁对象"越穷越垦、越垦越穷"的生产状况，有效遏制了迁出区生态恶化趋势，实现了脱贫致富与生态保护"双赢"。易地扶贫搬迁产生了良好的经济、社会和生态效益，受到搬迁对象的普遍欢迎。

为全面贯彻落实党的十八大和十八届三中、四中、五中全会以及中央扶贫开发工作会议精神，深入贯彻习近平总书记系列重要讲话精神，牢固树立并切实贯彻创新、协调、绿色、开放、共享的新发展理念，按照党中央、国务院关于打赢脱贫攻坚战的决策部署，国家发展与改革委员会在2016年根据《中共中央国务院关于打赢脱贫攻坚战的决定》和《中华人民共和国国民经济和社会发展第十三个五年规划纲要》，制定《全国"十三五"易地扶贫搬迁规划》。"十三五"时期，我国将加快实施易地扶贫搬迁工程，通过"挪穷窝""换穷业""拔穷根"，从根本上解决约1000万建档立卡贫困人口的稳定脱贫问题。与以往相比，新一轮易地扶贫搬迁面临着前所未有的挑战：一是搬迁任务繁重艰巨，二是安置资源约束日益凸显，三是搬迁对象贫困程度更深，四是工程实施难度更大。新时期易地扶贫搬迁工作也具备许多有利条件：一是党中央、国务院高度重视，二是政策措施保障更加有力，三是各地搬迁安置经验较为丰富，四是贫困人口搬迁意愿强烈。《全国"十三五"易地扶贫搬迁规划》涵盖全国易地扶贫搬迁工作的基本情况、总体思路、迁出区域与搬迁对象、搬迁方式和安置方式、主要建设任务、资金测算与筹措、资金运行模式、搬迁进度及投资安排、建档立卡搬迁人口脱贫发展、保障措施等方面的内容。

（二）责任担当：省级政府负总责

为认真贯彻落实习近平总书记关于做好易地扶贫搬迁工作的重要指示和中央扶贫开发工作会议、国务院易地扶贫搬迁电视电话会议精神，河北省委、省政府坚持五大发展理念，全面落实精准扶贫、精准脱贫的基本方略，瞄准建档立卡贫困搬迁人口，兼顾同步搬迁对象，充分尊重群众意愿，把易地扶贫搬迁与生态保护、新型城镇化建设、山区综合开发、美丽乡村建设和乡村旅游相结合，以燕山—太行山集中连片特困地区为主战场，坚持"挪穷窝"与"换穷业"并举，打响"当头炮"，下好"先手棋"，确保实现搬迁一户、脱贫一户，为全面打赢脱贫攻坚战发挥支撑引领作用。

按照精准扶贫、精准脱贫和易地搬迁脱贫一批的总体要求，根据《全国"十三五"易地扶贫搬迁规划》，并结合河北省实际，河北省编制《河北省"十三五"易地扶贫搬迁规划》。《河北省"十三五"易地扶贫搬迁规划》详细介绍了河北省易地扶贫搬迁工作的基本形式、总体思路、搬迁规模和安置方式、实施时序、主要建设任务、资金测算与筹措方案、资金运作模式、建档立卡搬迁人口脱贫发展、政策措施、组织保障。与此同时，推进全省易地扶贫搬迁顺利实施，制定《河北省易地扶贫搬迁实施计划（2016—2019年）》，该计划具体包括搬迁规模、安置方式、建设任务、资金测算与筹措方案、实施进度安排、工作要求等。同时，根据调研实际情况，针对各地易地扶贫搬迁工作中存在的问题及风险点进行全面梳理，列出4方面13类39项问题清单，要求各市高度重视，逐条对照自查、逐项防范化解，对发现的问题认真整改，坚持以问题为导向，举一反三，做到防患于未然。

（三）精准施策：市县级政府落实

魏县根据中央、河北省、邯郸市相关文件要求，制定了《魏县"十三五"易地扶贫搬迁实施方案》《魏县易地扶贫搬迁实施计划（2016—2019）》，要求对居住在漳河河道内的12个村庄的贫困人口，实施易地扶贫搬迁，加大政府投入力度，创新融资模式，完善搬迁后续扶持政策，着力改善搬迁群众的生产生活条件和发展环境，有效提高搬迁群众收入水平和公共服务保障能力。魏县成立易地扶贫搬迁项目领导小组，并成立项目推进办公室。魏县县委、县政府办制定《易地扶贫搬迁一户一档建档工作和加强档案审核管理工作的实施方案》《魏县易地扶贫搬迁进村入户政策宣传工作方案》《对6个社区的建设任务目标进行分解》《易地扶贫搬迁领域腐败和作风问题专项治理实施方案》《易地扶贫搬迁安置社区实行县乡村三级分包责任制》等相关文件。①

---

① 魏县易地扶贫搬迁项目领导小组办公室：《魏县易地扶贫搬迁领导小组办公室2018年资料汇编》。

三、科学规划：防范水灾致贫的隐患

魏县于 2016 年启动"十三五"易地扶贫搬迁工程，其主要目标是：到 2020 年，对居住在漳河河道内的 12 个村庄的 21416 农村人口（其中建档立卡贫困人口 282 人）实施易地扶贫搬迁，实现搬迁对象生产生活条件明显改善，享有便利可及的基本公共服务，收入水平明显提升，迁出地生态环境有效改善，确保与全县人民一道实现全面小康。

（一）搬迁规模与安置方式

经扶贫部门 2018 年对搬迁对象进行动态调整，魏县"十三五"易地扶贫搬迁区域为漳河河道内 4 个乡镇的 12 个村庄，搬迁人口总规模为 21288 人，其中建档立卡贫困人口 2770 人，同步搬迁人口 18518 人。魏县采取以集中安置为主，集中与分散相结合的安置方式。集中安置以建设移民新村安置为主，以特困人员实行集中供养、1 人户、2 人户适当建设连排单间等形式为补充，按照"实物对实物、一宅对一宅（原宅基有房屋）"的原则，通过新建南双庙乡江庄社区、南双庙乡郭吕新村、前大磨乡户村社区、沙口集乡贺祥社区、沙口集乡和顺社区、野胡拐乡红湖社区六大社区安置搬迁人口（见表 5-1）。分散安置主要为大屯村、南北拐村、野前村等搬迁群众自行安置。

表5-1　集中安置社区的搬迁人口分布

	贫困农户	贫困人口	同步搬迁户	同步搬迁人口
南双庙乡江庄社区	232	1032	1420	6137
南双庙乡郭吕新村	95	434	492	1684
前大磨乡户村社区	33	131	87	402
沙口集乡贺祥社区	128	320	1060	4596
沙口集乡和顺社区	231	803	742	3741
野胡拐乡红湖社区	10	37	271	1240

数据来源：魏县易地扶贫搬迁办公室。

（二）住房面积与补助标准

按照国家确定的"保障基本"原则，建档立卡贫困人口人均住房建设面积不超过 $25m^2$，建档立卡贫困人口人均自筹为3000元，同步搬迁人口人均自筹为1万元。同步搬迁人口住房建设面积可适当提高，但超出部分的费用全部由搬迁户个人承担。对同步搬迁户和建档立卡贫困户合选共住的，不提高人均住房面积。

对采取分散安置的建档立卡贫困人口，每人住房建设补助标准为2万元，签订拆除旧房协议的人均奖励1.5万元。对分散安置的同步搬迁人口，每人住房建设补助标准为1.5万元，签订拆除旧房协议的人均奖励1.5万元。对选择自建（购）房的贫困户也严格落实人均住房面积不超过 $25m^2$ 和自筹资金不超过3000元的标准；对投亲靠友的开展镇村旁证，跟踪管理安置去向、后续保障等情况。

（三）资金筹措与管理规范

魏县易地扶贫搬迁工程资金主要来源于中央预算内资金、专项基金、省级债券资金、省级财政资金、债券资金、国开行贷款、县政府筹措、中国农发重点建设基金、群众自筹等。

易地扶贫搬迁资金涉及类别多，各类资金规定的用途不同，为确保各类资金按要求使用，在资金运作上，魏县严格按照"物理隔离、专款专用"的原则，开立专户，将各项资金专户存放，专款专用，主要采取了以下举措：第一，建立完善的财务管理制度。依据相关财务管理规定，在公司财务管理制度的基础上，针对易地扶贫搬迁工程资金进行专项管理。第二，严格账户管理。在承接易地扶贫搬迁工程资金时，即开立了中央预算内资金、专项建设基金、债券资金、贷款等专户，所承接的分别专户存放，物理隔离。魏县易地扶贫搬迁账户下设 6 个子账户：一是中央预算内资金账户，管理建档立卡搬迁人口人均 0.7 万元的中央预算内资金，用于建档立卡搬迁人口住房建设；二是资本金账户，管理建档立卡搬迁人口人均 0.98 万元的地方政府债务资金和人均 0.5 万元的专项建设基金，用于建档立卡搬迁人口住房建设以及安置区配套基础和公共设施建设；三是建档立卡搬迁人口资金账户，管理建档立卡搬迁人口人均 3.5 万元的政策性贷款，主要用于建档立卡搬迁人口住房建设以及安置区配套基础和公共设施建设；四是同步搬迁人口资金账户，管理同步搬迁人口人均 5 万元的长期贷款，用于同步搬迁人口住房建设及配套基础和公共设施建设；五是自筹资金账户，管理搬迁群众缴纳的自筹资金，用于补充建设成本；六是地方自筹及其他账户，管理地方政府自筹及其他资金，用于前期征地或工程建设等。第三，专款专用。建档立卡贫困人口承接的中央预算内资金、专项建设基金、债券资金，专项用于建档立卡贫困人口住房建设。第四，县政府多方筹措资金，通过争取农发行基金、整合财政涉农债券资金以及拓宽融资渠道等多种方式，保证了工程建设的需要。

（四）2016—2019 年搬迁进展

2016 年至 2018 年，魏县易地扶贫搬迁工作已完成搬迁人口交钥匙 3358 人，其中建档立卡贫困人口 324 人（有 4 人交钥匙后死亡，搬迁名单统计为 320 人）。2019 年，魏县需完成剩余 17930 人搬迁任务，其中建档立卡贫困人口 2450 人。2019 年作为易地扶贫搬迁工作攻坚之年，魏县易地扶贫搬迁工作的重心已由工程建设转变为工程建设与选房入住、拆旧复垦同步推进。

为集中安置搬迁人口，魏县规划建设了 6 个社区，总投资 18.3 亿元，住宅总建筑面积 64 万平方米。2016 年魏县启动搬迁沙口集乡李家口、段家庄两个村，建设贺祥社区，项目概算投资 4.8 亿元，占地 736 亩。配套建设了学校、服务中心、礼堂、菜市场、老年公寓等公共服务设施，以及道路、给水、雨水污水、电力通信、绿化等基础设施，均高标准设计、建设，社区配套功能齐全。2017 年启动搬迁 4 个乡镇、10 个村庄，对集中安置人口规划建设 5 个社区，住宅总建筑面积 41.3 万平方米，总投资 13.5 亿元。江庄、和顺、洪湖、远邦、户村等 5 个社区建设项目自 2017 年 9 月开工以来，通过周密组织、科学安排、积极协调，工程建设顺利展开，见表 5-2。

表 5-2　魏县安置社区建设情况

	项目概算投资（亿元）	占地面积（亩）	建设住宅
贺祥社区	4.8	736	独院住宅 1102 套 6+1 小高层 264 套
和顺社区	2.3	234	独院住宅 325 套
红湖社区	1.13	181.5	独院住宅 278 套
江庄社区	7.24	1220	独院住宅 1681 套 6+1 小高层 66 套
郭吕新村	1.93	265	独院住宅 367 套 6+1 小高层 138 套
户村社区	0.49	69	独院住宅 106 套 6+1 小高层 54 套

为了解决长期存在于魏县的河道水灾隐患问题，全力推进河道内4个乡镇、12个村庄的搬迁工作，魏县一刻不敢松懈，在搬迁前、建设过程和搬迁社区后续建设方面各个环节做实工作。搬迁前期的主要举措集中在政策宣传动员、搬迁人口精准识别、建立扶持台账和"一户一档"等，建设过程中主要集中在各部门合力协调、环保型工地建设、严格资金规范等，后期则持续关注搬迁社区后续配套建设，这些举措与魏县的产业扶贫、社保扶贫、教育扶贫等形成一体式发展体系，共同推动魏县脱贫攻坚事业的步伐。

四、稳扎稳打：免除易地搬迁后顾之忧

为改善原来长年生活在漳河河道内的2万余名群众生活环境，魏县全力实施易地扶贫搬迁工程，实现群众"安居梦"。魏县在搬迁工作前期积极筹备，有序推进各项工作，注重后续社区建设，各项工作稳扎稳打，坚决落实各项政策。

（一）因地制宜，积极推进搬迁计划

1. 立足长远，高瞻远瞩

政府鼓励易地扶贫搬迁与灾后重建有机结合，列入"十三五"易地扶贫搬迁规划的贫困县，对因灾返贫人口确需实施搬迁安置的，可以纳入易地搬迁范围。资金和政策是易地搬迁脱贫的两大推力。资金是撬动搬迁工作的活水，魏县抓住机遇，依托政策将漳河河道内12所村庄纳入国家"十三五"易地搬迁规划，获得国家12197万元搬迁资金支持，为本县的易地河道搬迁工作夯实了基础。

2. 多方筹措，资金到位

政府积极拓宽资金筹集渠道，积极与河北省平台对接，千方百计筹措资金，确保不同类型的村民搬迁资金拥有不同的资金渠道。纳入全国"十三五"易地扶贫搬迁规划任务325人的1950万元资金来源为：中央预算内补助资金225.7万元、省财政扶贫资金318.5万元、国开行与农发行筹集的专项建设资金162.5万元、省国开行与农发行提供的长期贷款（按人均不超过3.5万元给予政策性贷款，最高可贷1137.5万元）、群众自筹资金（搬迁群众人均自筹0.3万元，最高可自筹97.5万元）、其他长期贷款6.5万元；剩余建档立卡贫困户14706万元资金来源为：省级财政资金从省平台承接项目资本金5392.2万元用于工程建设、政策性贷款（最高可贷8578.5万元）、群众自筹资金（最高可自筹735.3万元）；同步搬迁人口18305人的109830万元资金来源为：政策性贷款（最高可贷91525万元）、群众自筹资金（最高可自筹18305万元），确保以充足资金支持安置点社区建设，顺利推进易地搬迁工作实施。[①]

3. 宣传动员，家喻户晓

为做好魏县易地扶贫搬迁工作，进一步提高群众对搬迁工作的知晓率和对政策的理解度，实现搬迁群众满意搬迁、平稳搬迁，魏县开展了多种形式的宣传工作。政策宣传解读内容为《河北省"十三五"易地扶贫搬迁政策问答》和《魏县易地扶贫搬迁政策解读》等。

一是多措并举。为进一步扩大易地扶贫搬迁政策覆盖面，提高群众对政策的熟知度，切实做好易地扶贫搬迁项目政策宣传工作。魏县开展了多轮横向到边、纵向到底的宣传工作，县委、县政府印发了

[①] 魏县人民政府办公室：《魏县2018年易地扶贫搬迁实施计划》（魏政办字〔2018〕21号）。

《魏县易地扶贫搬迁进村入户政策宣传方案》，具体规定政策解读内容、政策宣传工作形式、政策宣传时间安排、政策宣传人员职责和政策宣传工作要求，使易地扶贫搬迁政策宣传工作常态化；宣传小组采取逐户见面的方式进行宣传，向群众发放宣传资料，讲解易地扶贫搬迁政策，确保搬迁户群众都能熟悉了解搬迁政策，对群众诉求或家庭情况特殊的搬迁户，做好记录，统一汇总后，报告县搬迁办解决；在安置社区现场设立了易地扶贫搬迁指挥部办公室，全天候接受群众咨询。

县委、县政府组织两次由县直有关单位、乡村干部参加的政策宣传培训会，共培训人员 500 余人次，各宣传员通过进村入户对搬迁群众进行政策讲解，发放政策读本 2000 多份，政策明白纸 5000 多份，做到政策透明、阳光操作、接受监督，群众应享受的政策不漏一条，违反政策的事情不让一分。在社区搬迁指挥部现场公布了政策咨询公开电话，接受群众政策咨询和来信来访。①

二是分阶段进行。魏县将政策宣传工作分为 4 个阶段：宣传动员、进村入户、督导检查、巩固提高。具体举措如下：

（1）宣传动员阶段：各乡镇召开易地扶贫搬迁政策宣传动员会，培训工作人员，明确工作要求，严格工作纪律，确保工作任务按要求完成。

（2）进村入户阶段：宣传小组进村入户开展宣传工作，掌握时间进度，进家入户的工作每户宣传成员至少 2 人。

（3）督导检查阶段：督导工作与入户宣传工作同步交叉进行，根据各宣传小组上报的入户进度，抽取一定比例入户督导，查看宣传资料是否发放，宣传人员是否进行政策讲解等，以核实宣传成效。

（4）巩固提高阶段：集中政策宣传结束后，各乡镇宣传组成员

---

① 魏县人民政府办公室：《易地扶贫搬迁经验总结》，2019 年 11 月 3 日。

利用各种形式为搬迁群众进行政策解释、解读，直到搬迁入住到新社区。①

4个阶段环环相扣，切实保证群众理解认可易地搬迁政策，并积极听取搬迁群众意见，打消群众顾虑，转变搬迁群众的思想观念，变"要我搬"为"我要搬"，保障易地扶贫搬迁工作顺利进行。

4. 精准认定，"一户一档"

在人口认定上，魏县以事实为依据，既不是单纯以户口在村内为准，也不是单纯以村内有宅基为准，而是认定村内有房产且在村内居住的人员享受搬迁政策，新出生及嫁娶等人员统计截止时间为2017年4月30日前，分配住房时以扶贫部门建立的搬迁人员台账为准。比如在农村，女儿出嫁外村后户口并未迁走或者娶来的媳妇户口未迁来的现象很普遍，如果单纯以户口为准，那么嫁出去的女儿，并不真正在搬迁村内生产生活，如果仍纳入搬迁对象，不符合政策；娶来的媳妇，有的在搬迁村内生产生活了十几年甚至几十年，但一直未迁来户口，如果不纳入搬迁对象，也与实际不符。

经过认真细致的调研摸底工作，以"在搬迁村内实际生产生活"为准则，由搬迁委员会集体审核认定，这种认定虽然增加了一定的工作量，但更加具有说服力和事实依据。在群众选房时，允许贫困户与同步搬迁户合户安置，方便子女照顾老人，使老人享受天伦之乐。群众领取钥匙后，政府与搬迁户签订搬迁安置及拆旧复垦协议，明确6个月的过渡期，即交付钥匙6个月内搬迁群众要入住新房。搬迁户安置住房自交付使用时起原则上20年内不得出售、置换或转让，建档立卡户在脱贫攻坚期内不得扩建房屋，脱贫攻坚期结束后，如需扩建，需满足以下条件：一是已稳定脱贫，二是向村委会提出申请，三是村委会审核同意并在村内公示，四是报乡镇政府批复备案。

---

① 中共魏县县委办公室：《魏县易地扶贫搬迁进村入户政策宣传工作方案》。

做好"一户一档"工作，是易地扶贫搬迁工作的重要基础和前提，每户搬迁资料是工作精细化管理、措施全过程留痕的重要抓手。为扎实推进魏县易地扶贫搬迁工作，进一步完善搬迁安置台账资料，易地扶贫搬迁社区区域内全面启动"一户一档"建档工作。"一户一档"建档工作内容共有 10 项：搬迁申请书、入户调查表、家庭成员身份证复印件、户口本复印件、结婚证复印件、婴儿出生证明复印件、搬迁及拆旧拆除协议、新房户型图、村中原居住的房屋录像、村中庄基和房屋照片。①

由扶贫部门牵头，做好政策指导，相关乡镇负责，成立专门工作组。对照省市"一户一档"总要求，严格档案审核，做到逐村过、逐户审、逐项看，杜绝将不符合条件的人员纳入搬迁对象，对搬迁过程中各环节资料均入档保存，做到全程可控可查，做到档案材料的完整性、真实性、准确性。

5. 科学选址，就近搬迁

搬迁地选址直接影响脱贫成效以及村民的搬迁意愿，搬迁地址的重要性不言而喻。为实现高质量易地搬迁脱贫，魏县按照应搬尽搬、尊重搬迁对象的原则，科学规划选择搬迁地址，走村落集体搬迁、集中安置为主的路子。

第一，在社区选址上，魏县关注河道灾害，坚持科学规划、合理布局，坚持行洪避险原则，将村庄从漳河行洪区迁出，符合土地利用总体规划和城乡建设规划，避开地质灾害隐患点，让村民住得踏实放心，增强村民搬迁意愿。

第二，魏县根据迁出地村落、人口分布情况，在自愿基础上，尽量实现自然村落整体迁出。并建设中心社区安置，依托新开垦或

---

① 《魏县易地扶贫搬迁领导小组办公室关于做好易地扶贫搬迁户建档工作的通知》（魏易迁办文〔2017〕3 号）。

调整使用的耕地，在迁出村附近规划建设中心社区，引导搬迁对象就近集中安置，安置社区距离迁出村平均不超过 3 公里。搬迁对象"离家不离乡"，既能入住新区，又能保留原有生产生活方式，缩短了磨合过渡期，解决因搬迁地距旧村落较远和邻里关系发生变化而引发的社会适应和社会融入问题，满足搬迁村民的精神心理需求。

（二）先行先试，有序推进避险搬迁行动

1. 全局意识，部门协调

不同于其他扶贫方式，易地扶贫搬迁是一项系统性工程，需要各个部门树立"一盘棋"意识，认真履责、完善政策、健全机制、主动沟通，合力推进易地搬迁工作。

一是政策制定方面，魏县搬迁办为带头人，县发改局、扶贫办、城投公司、国土局、规划局、住建局等主要责任单位各选派一名专干人员组成易地搬迁工作推进专班集中办公，实行每天点名例会制度，形成工作合力。县发改局、扶贫办做好对上沟通、政策指导，各责任单位主要负责人亲自过问、组织推动，骨干力量专职负责工作，极大地提高了工作效率，为更好地指导乡镇易地搬迁工作奠定良好的基础。

二是搬迁社区建设方面，魏县发挥自身调度职能，由县城投公司具体负责，各单位积极对接，相互配合并算好时间任务账，抓住关键节点，高效推进社区设施建设工作。如县民政局负责社区养老公寓建设、县水利局和供电局分别负责社区供水和供电工程建设、县教育局负责社区学校建设、县交通运输局承担着社区对外交通道路建设任务等，每个部门选派一名政治素质硬、工作业务精、工作协调能力强的主管副职扎根社区施工一线，紧跟工程建设步伐，一经发现问题，立

即上报并解决。① 每个部门发扬主动担当精神，明确分工，各尽其责，不推诿，使工作效率大幅提高，解决了"房子建得快，配套上得慢"、影响群众分房选房的问题。

三是工作问题解决方面，各部门做到协调联送，形成合力解决问题。县搬迁办发挥好统筹协调作用，全面推进整个易地扶贫搬迁工作，县城投公司作为易地扶贫搬迁工作的主体，不仅负责承担的社区建设，还要研究整个易地扶贫搬迁问题，早谋划、早安排、早完工。县住建部门全面做好安置社区建筑工程质量和现场管理工作，切实做到施工现场"六个百分百"，对不达标的一律停工。县公安部门负责易地扶贫搬迁工程施工现场的安全保护工作，坚决杜绝强装、强卸、扰乱施工等现象发生。县自然资源和规划局负责易地搬迁土地指标置换和旧村拆迁复垦工作。② 各乡镇在做好承担社区工程建设的同时，提前开展模拟选房、户型数量与各户人数摸底，拿出对策，确保有序搬迁。各相关部门和各乡镇通力协作，打好整体战，切实解决工作中的困难与问题，向全县人民交上了一份满意的答卷。

2. 环环把控，资金规范

一是使用规范，易地扶贫搬迁资金类别多，各类资金规定用途不同。魏县政府吃透政策，把握原则，确保各类资金按要求使用。县级实施主体易地扶贫搬迁账户下设中央预算内资金账户、资本金账户、建档立卡搬迁人口资金账户、同步搬迁人口资金账户、自筹资金账户和地方自筹及其他账户6个子账户，各自独立管理。账户中第一、二项属于国家重点审计范围。实施主体针对工程进度，及时拨付项目资金，不得拖延、滞留、挪用，产生资金闲置问题。进一步修改完善魏县易地扶贫搬迁资金管理办法、安置区建设模式，实行城投公司统

---

① 《中共魏县县委办公室、魏县人民政府办公室关于全面加快推进易地扶贫搬迁安置社区基础设施工程建设的紧急通知》。
② 魏县人民政府办公室：《县长办公会议纪要》（十六届〔2019〕10号）。

筹、部门监管、乡镇主体、群众监督的办法，由城投公司进行各安置点的统一规划和设计，后期的招投标、工程建设由各乡镇负责，群众代表驻地监督，各相关部门依据自身职责进行监管；城投公司根据工程中标合同，对照各乡镇上报的工程进度查验无误后进行资金拨付，如中央预算内资金主要用于易地搬迁工作中的住房建设，地方政府债券资金主要用于易地搬迁社区内的基础设施建设，专项资金主要用于易地搬迁社区内的住房、配套基础设施和公共服务设施建设等，提高资金使用效率，高质量完成易地搬迁工作。

二是资金拨付规范。魏县易地扶贫搬迁工程繁多，资金拨付工作涉及标段多、资金量大、程序严，规范搬迁资金的拨付流程是亟须解决的问题。首先，预先启动工程款资金拨付审批程序，各安置社区可提前10天启动资金拨付签批程序，但在签批完毕转账拨付资金时必须达到应拨付资金的工程量。其次，认真核定工程款资金应付数额。各安置社区提供工程量单、投标预算、施工合同等有关手续，由第三方公司核定应付工程款数额，出具阶段性审计报告。各施工单位根据阶段性审计报告提出付款申请，由县城投公司出具《资金报账申请审批表》。再次，涉及部门集中会签工程款资金手续。《资金报账申请审批表》分别由社区所在乡镇、县城投公司、县扶贫办、县财政局的经办人员、主管人员、主要负责人签字盖章后，报县政府审批，具体会签时间由城投公司提请县搬迁办通知相关部门相关人员，县城投公司根据审批表拨付资金。最后，明确专人负责工程款资金审批事宜。各安置社区要有专人负责工程资金拨付签批工作，需县领导签批的由各单位主要负责同志办理，向县政府领导汇报好相关资金拨付用途和使用情况。[①]

[①] 《魏县易地扶贫搬迁领导小组办公室关于规范易地扶贫搬迁工程资金拨付程序的通知》（魏易迁办文〔2019〕1号）。

3. 文明施工，环保先行

魏县坚决落实好上级要求的环保政策，深入推进大气环境质量综合治理，切实做到文明施工、环保施工、安全施工。一是提高认识，全面推进文明施工工作。承担安置社区建设的各单位自觉提高做好建筑施工现场文明施工管理工作的自觉性和责任感，树立文明施工理念，查找文明施工存在的突出问题，采取有效措施，抓好落实。二是各单位严格按照《河北省建筑施工扬尘治理方案》要求，做到"六个百分百"，即：将施工工地周边 100%围挡、物料堆放 100%覆盖、出入车辆 100%冲洗、施工现场地面 100%硬化、拆迁工地 100%湿法作业、渣土车 100%密闭运输。① 三是依托科技创新，建设新型环保型工地。积极学习先进施工工地文明施工管理经验，采用新技术、新工艺，提高建设工程施工水平。科学设置施工现场临时设施，创造更整洁的施工环境。四是明确职责，强化文明施工责任制。按照"施工单位负责、业主监管"的原则，进一步健全建设工程文明施工管理责任制。工程建设单位对文明施工负管理责任，施工单位对文明施工负直接责任，监理单位把文明施工纳入监理职责范围。

4. 先行先试，摸着石头过河

随着易地扶贫搬迁工作的持续深入推进，安置社区相继竣工交付使用，搬迁群众陆续搬迁入住，新的社区管理模式逐渐形成。在社区管理方面，魏县积极学习外地先进成型的社区管理经验，帮助安置社区管理尽快步入正规。一是完善社区管理职能。提前谋划建立健全社区居委会、党支部（总支），选出两委班子，组建社区管理队伍，确保社区事有人管、难有人帮、纠有人调；举办有意义的社区活动，引导群众树立积极健康文明向上的生活风尚；谋划好户籍、社保等转移

---

① 《魏县易地扶贫搬迁领导小组办公室关于加强易地扶贫搬迁工程文明施工管理的通知》。

接续工作。二是总结自身县域内好的做法。沙口集乡贺祥社区作为第一个搬迁入住的社区，主动总结好的管理经验，为其他 5 个社区后续管理提供了可复制的成功模式，帮助其他安置社区建设成为和谐有序、绿色文明的幸福家园。①

（三）三区同建，搬迁群众安居乐业

"搬得出、稳得住、能致富"是易地扶贫搬迁工作的要求，也是目的。为了确保漳河河道内群众搬出后过上更幸福的生活，魏县在集中安置社区实行"三区同建"战略，即居民社区、产业园区、农业景区同步建设。

1. 做好群众思想工作，确保"搬得出"

易地扶贫搬迁就是要让生活条件恶劣的贫困地区群众搬到生产生活条件较好的地方，从根本上摆脱贫困。群众是易地扶贫搬迁的受益者，同时也是搬迁工作顺利实施并发挥效益的主体。没有群众的积极性，搬迁工作将举步维艰。

一是魏县政府高度重视群众意见，在贯彻易地扶贫搬迁过程中始终坚持群众主体地位，具体表现为：首先，涉及的沙口集乡、野胡拐乡、南双庙镇、前大磨乡 4 个乡镇均成立了乡级搬迁工作专门委员会、村级搬迁工作推进小组、村级搬迁工作监督小组，负责开展日常搬迁工作，每名搬迁对象提交的选房申请，均由村搬迁小组联合审查、盖章确认、张贴公示，以做到公平公正公开。其次，魏县设计开发了易地扶贫搬迁电子档案管理系统，把政策文件、一户一档、拆旧复垦、工程建设、上级督导、两区同建、后续扶持等所有文档资料全

---

① 《魏县易地扶贫搬迁领导小组办公室关于转发省发改委〈关于加强易地扶贫搬迁安置社区管理的通知〉的通知》（魏易迁办文〔2018〕19 号）。

部转化录入电子系统，做到一键查询、长期保存。① 最后，县搬迁办在确保政策执行不偏差的前提下，对于一些上级没有明确要求的环节，给予乡村两级充分的自主权，特别是各搬迁村均成立了搬迁委员会和监督委员会，群众的事情交给群众办。在安置点选址和建设上，坚持科学规划、合理布局，符合土地利用总体规划和城乡规划，避开地质灾害隐患点，优先选用存量建设用地，同时在搬迁村庄开展群众代表大会，对安置点的位置、安置社区新房户型进行讨论及投票，充分听取群众意见。

二是完善拆迁补偿机制。魏县易地扶贫搬迁过程中的房屋征收与补偿，以决策民主、程序正当、公平补偿、结果公开，且保证群众"能购得起房、搬得起家"为原则，由县住房和城乡建设局委托乡政府为搬迁工程征收实施单位，承担征收补偿的具体工作。征收补偿实施程序包括 5 部分：宣传发动、调查登记、签订征收协议、发放补偿资金和搬迁交房、资料归档。② 被征收物产的价值由评估机构按照房屋评估办法评估确定，评估机构应根据相关法律法规以及当地实时物料价格、人工费用和建筑物结构、已使用年限等因素综合评定。第一，征收补偿分为产权调换、货币补偿两种补偿方式，由被征收人根据自身情况自主选择其中一种。被征收人选择房屋产权调换的，房屋征收部门提供房屋用于产权调换，并与被征收人计算、结清被征收房屋价值与用于产权调换房屋价值的差价；对被征收房屋价值高于用于产权调换房屋价值的，由房屋征收部门向被征收人结算差价；对被征收房屋价值低于用于产权调换房屋价值的，由被征收人向房屋征收部门结算差价，差价的计算由评估机构评估确定。被征收人选择货币补偿的，补偿数额由评估机构根据被征收房屋的区位、用途、环境、结构、成新、层次、建筑面积等因素确定。第二，奖励方面，凡在政府

① 魏县人民政府办公室：《易地扶贫搬迁经验总结》，2019 年 11 月 3 日。
② 魏县人民政府办公室：《魏县野胡拐乡大王村等 2015 年易地扶贫搬迁工程房屋征收与补偿方案》。

征收决定发布后规定的征收补偿签约期限内完成协议签订并搬迁住房的，对被征收人给予评估总价值5%的资金作为奖励；超过征收补偿签约期限的，不予奖励。

三是严格交钥匙标准。魏县明确安置社区"交钥匙"验收标准和条件，严格工程质量。具体标准如下：（1）安置社区土地、开工许可等前期手续完善，证件齐全；（2）安置社区所有住宅工程全部竣工，通过住建部门质量验收，出具验收合格手续；（3）安置社区住宅工程室内实现"地平、墙白、水通、灯明"，满足基本生活条件；（4）安置社区内完成"六通两用"工程，六通：水通、电通、路通、气通、暖通、信通；两用：污水处理设施投入使用、垃圾设施投入使用；（5）分散安置社区内也具有一定的标准：选择自建房分散安置的，要有新宅基地申请手续，其住房有住建部门出具的房屋质量验收合格手续；选择投亲靠友分散安置的，要有投亲协议或赡养协议等材料的公证；选择自购房分散安置的，要有购房协议或合同等；分散安置完成资金兑付手续、入住生活的才能视为分散安置工作完成。① 魏县政府按标准严格履行"交钥匙"程序，解决居民后续入住问题。

四是严格监督考核。根据邯郸市委办公厅、市政府办公厅《关于印发邯郸市扶贫领域腐败和作风问题专项治理实施方案的通知》和邯郸市易地扶贫搬迁工作领导小组办公室《易地扶贫搬迁领域腐败和作风问题专项治理实施方案》要求，魏县就易地扶贫搬迁领域腐败和作风问题开展专项治理，分为三个阶段：自查自纠阶段、集中核查阶段和巩固提升阶段，在搬迁对象、项目建设、资金监管三个方面重点治理违纪违法、贪污腐败、失职失责、作风不实等问题。②

---

① 《魏县易地扶贫搬迁领导小组办公室关于严格执行易地扶贫搬迁安置社区"交钥匙"验收标准的通知》。

② 《中共魏县县委办公室、魏县人民政府办公室关于印发〈魏县易地扶贫搬迁领域腐败和作风问题专项治理实施方案〉的通知》（魏办字〔2018〕7号）。

2. 倾力打造居民社区，确保"稳得住"

群众从旧村搬到新社区，必须提供完善的生活保障，才能彻底打消他们的顾虑。为提升搬迁群众的安全感和幸福感，魏县努力完善新社区的各项生活保障，主要包括提高社区管理水平、提供完备的基础设施和公共服务设施等，具体表现在：

一是建强两委班子，配齐治理队伍。首先，在社区成立社区党组织，设党总支，党总支书记一般由乡镇副职兼任，下设 4 个党支部。在搬迁过渡期采取新党组织与原级党组织并行管理的模式，确保支部有效运转，抓好基层党建工作，为社区工作提供坚实的组织保障，发挥党员干部的模范带动作用。其次，探索试行"党建+三治"模式，即在做好党建工作基础上，并行推进社区自治、德治和法治。最后，健全社区管理，实现村改居，组建社区居委会。成员大多是原迁出村的村两委成员，确保社区事有人管，难有人帮，纠有人调。在易地搬迁区域内，发挥乡党委的主体作用，将党的领导贯穿于村两委换届选举全过程和各个环节，顺利实现"56866"目标，并且在支书主任一人兼上超额完成 4 个村，实现 13 个村庄的党支部书记年龄均在 50 岁以下，实现支部书记学历全部高中以上，其中大专以上学历 4 人，实现全区域 26 个村村委会成员中女委员全覆盖，完成党建领导成员向年轻化、高学历转变，为巩固基层政权、提高基层治理水平打下良好基础。①

二是实施专业管理，建立安全保障。易地扶贫搬迁社区组建专职管理队伍，成立物业服务中心。物业服务中心对社区环境卫生、接通暖气、绿化美化等工作进行全面接管，更好地为入住群众服务，让群众住得舒心，住得放心。群众领取钥匙时会同时领到一份住户手册和装修协议，里面详细注明了户型的水电管线走向、装修时应注意的事

---

① 2019 年 8 月于河北魏县贺祥社区访谈资料。

项、入住后应遵守的规定等内容，解决村民因生活习惯突然改变而不适应问题。① 创造性地实行垃圾清理积分制，保洁员定时上门收取垃圾时通过扫描该户垃圾桶上的二维码即可完成该户垃圾清理积分，该户年底可用该积分换取毛巾、香皂、洗衣粉等日用品，极大增强了群众规范清理生活垃圾的积极性。

三是实行"县乡村三级干部"网格化管理机制。第一，易地扶贫搬迁集中安置区实行网格化管理模式，各网格长对社区区域内的居民、街道、小企业、小街道、小摊点实行分包管理。具体方法为，将整个社区划分为 4 个区域，每 2 名居委会成员就近管理 1 个网格，负责网格内群众的日常管理、信访维稳、民事调解等工作，每月或者定期走访并积极配合有关部门搞好排查，对群众诉求能够及时解决与回应，做到真正发现问题、了解民情、帮办助需、化解矛盾，实现无缝式管理，不断提高群众的满意度。② 第二，对于分散安置人员，实行县、乡、村三级包联制度，县级领导包乡，县直部门帮扶负责人和乡村两级干部包户，做到一人一户管理，包联负责人及时掌握分散安置户安置进程；把握政策要求，严格把控分散安置住房面积、装修，防止村民因建筑面积过大出现负债现象；解决其他问题，如社会适应以及社会融入问题等。通过包联制度，政府对分散安置人员实现全面管理，便于及时掌握其实际情况，高效解决后续保障问题，避免"拿钱走人，花完返贫"现象发生。

四是统筹后续设施，建设宜居社区。为了保障群众入住新社区后没有后顾之忧，魏县为安置社区完善一系列相关配套设施。

第一，秉持"规模适宜、功能合理、经济安全、环境整洁、宜居宜业"的原则，为新型社区配套建设完备的基础设施，统筹解决安置点的水、电、路、气、通信网络、垃圾和污水处理等问题，解决

---

① 2019 年 8 月于河北魏县贺祥社区访谈资料。
② 魏县人民政府办公室：《易地扶贫搬迁经验总结》，2019 年 11 月 3 日。

了村民的住房保障，为村民的生产生活提供便利。

第二，采用空气能集中供暖新方式，引进集科研、开发、制造、销售、维护、服务、工程设计、工程预算于一体的空气能源热泵取暖技术。魏县"十三五"易地扶贫搬迁涉及漳河4个乡镇，12个村庄，搬迁人口21288人，集中安置6个社区，住宅面积达64万平方米，公共建筑面积10万平方米，共计74万平方米，集中供暖共需资金9620万元。综合考虑自身可用财力等实际情况，为节省投资、便于管理，争取社会效益最大化，[①] 魏县采用空气能源热泵取暖，同时采用BOT模式实施供暖建设与管理。

第三，按照"缺什么补什么""适当留有余地"的原则，在充分利用现有公共服务设施的基础上，同步规划、同步建设一批教育、卫生、文化体育以及商业网点、便民超市、社区公交站等公共服务设施，均高标准设计、建设，为村民的生产生活提供便利，营造了一个现代化的新型宜居社区。

第四，后续跟进以及政策接续着重于解决人民群众最关心的户籍、入学、社保、就医等问题。在新社区内建设了学校，涵盖了幼儿园至小学阶段，解决居民子女上学难问题；设立为民服务大厅，满足群众社保医疗方面的需求，整合乡村医生医疗点，联合乡卫生院，设立卫生室，为社区居民提供医疗保障；成立物业服务中心，为搬迁群众提供全方位、规范化物业服务，保障居住安全、卫生。保证社区内部公共服务设施齐全，上学看病、日常生活就近便捷，解决村民后顾之忧，避免村民因这些问题而又重新致贫，不仅让村民住上新房子，也让村民过上好日子。针对社区养老问题，建设江庄、远邦、和顺3个社区的集中养老公寓。

第五，善用文明乡风民约，营造社区"新气象"。为改变社区居

---

① 《魏县易地扶贫搬迁领导小组办公室关于赴石家庄天源冷暖技术有限公司考察空气能采暖情况报告》（魏易迁办文〔2018〕1号）。

民的封闭保守思想和陈俗陋习，社区从激发居民对美好生活的向往着手，传播倡导文明乡风民约，激发搬迁居民内生动力，创建"宜居、兴业、富民、安康"的文明和谐新社区。首先，立规矩，倡导新民风。积极倡导"勤为本、俭持家、孝当先、严教子、宽待人、和为贵"的乡风民约，制定《宜兴社区居民文明公约》，教育居民爱党爱国、遵规守法、明礼诚信、敬业创新；制定《宜兴社区居民行为守则》，引导居民养成不粗言脏语、不乱扔乱吐、不损坏公物、不铺张浪费、不骄奢懒散、不食言失信等良好生活习惯。经过教育引导，搬迁居民的"山里味儿"越来越小，逐步实现从"山里人"向"新居民"的转变。其次，兴文化，树立新观念。建设占地 10 亩的居民文化广场，为社区居民提供休闲娱乐场所。成立社区文艺队、秧歌队，为居民义务演出，倡导乡风民风、共筑"中国梦"，宣传党的政策，帮助居民树立新观念，增强社区归属感和凝聚力。再次，办超市，激发新动力。在县妇联、团省委的帮助下，筹办爱心超市，以"广泛汇聚爱心、精准传递关爱、积分改变习惯、劳动改变生活"为主题，通过让社区居民捡烟头、清杂物、担任"爱心妈妈"和"爱心儿女"等志愿服务，换取可兑换超市物品的积分，有效提升居民为社区义务劳动、助人为乐的积极性。最后，评先进，营造新氛围。通过评选"五好文明家庭""美丽庭院""道德讲堂模范"等活动，深挖移风易俗孝老爱亲先进典型，通过用身边人、身边事教育居民，形成了与邻为善、守望相助的良好氛围。

3. 夯实社区产业基础，确保"能致富"

搬迁是手段，致富才是最终目的。搬入楼房很重要，但更重要的是今后的发展。群众搬迁后，失去了原来的"靠田吃饭"的基本生活方式，同时，搬迁后物业费和水电费花销大，没有来钱的路子是不行的，为群众解决产业、就业问题，是实现搬迁群众致富的根本途径。魏县根据易地搬迁社区内不同乡镇群众的产业基础分别制定后续帮扶措施，根据每户贫困群众的实际情况，实行量资入股、公益岗位、密植梨种植、盆栽蔬菜大棚等产业、就业帮扶，多渠道为农民增收创收，帮助他们走上自主致富的道路，实现短期能脱贫，长期能致富，具体做法为：

一是依托扶贫微工厂，保障居民后续就业。第一，魏县每个易地搬迁集中安置区内至少有 1 个扶贫微工厂、1 个农业园区，实现产业园区和农业园区"双配套"建设，引进环保优质项目，把就业岗位送到家门口。截至 2019 年 9 月，和顺社区扶贫微工厂已投入使用，入驻企业 2 家，带动就业 121 人，其中建档立卡贫困人口 31 人；贺祥社区已建设完成扶贫微工厂 4100m²，沙口集乡正在进行招商洽谈；江庄社区建成扶贫微工厂 2000m²，户村社区建成扶贫微工厂 1000m²，从事羽绒服加工；刘屯微工厂已建成 1600m²，实现企业入驻运营，从事服装加工和箱包加工。同时，依托微工厂，实施"引凤还巢"工程，吸引在外务工青年回乡创业。第二，政府实施优惠政策补助建设完工的微工厂，补助三年到位；激励微工厂优先录用贫困户就业，每吸纳一个贫困人口每年补助 500 元，贫困人口使用的加工设备还可享受最多 100% 的补助，不让企业和群众花一分钱。第三，魏县紧紧把握"宜建则建""宜改则改""宜租则租"三项原则，因村制宜，灵活创建，探索推行了三种建设模式，采用"从无到有"新建、"盘活资产"改建和"借用现房"租赁三种模式，鼓励乡镇利用废弃资产、闲置房屋、外出务工住户闲置住宅等资产建设微工厂，统一悬挂"扶贫微工厂"标识，享受"先建后补"政策，吸纳贫困户就业增收。第四，建立后续扶持台账，完善档案。魏县以搬迁贫困人口台账为基础，同步建立搬迁贫困人口后续扶持台账，做到产业帮扶落实到户，就业创业、社会保障等后续扶持措施落实到人；建立项目带动搬迁贫困对象工作档案，明确项目内容、带动搬迁贫困户及贫困人口名单、带动搬迁贫困户增收效益等；旧村复垦后开展土地流转、股份合作制、资产收益扶贫等具体措施，将有关项目实施的合同、协议等妥善保管，效益落实到每个搬迁贫困户，做到"一户一档"，同时，在搬迁贫困户《扶贫手册》上做好记录。

二是建立农业景区，落实产业帮扶。每个安置社区根据自身实际，发展密植梨、蔬菜、香菇等农业园区，并且采取股份、协议等形式，建设产业项目与搬迁农户的利益联结机制，带动群众增收。贺祥社区建成扶贫大棚84个，投入使用20个，带动20户贫困户就业，每户实现年增收2000元；洪湖社区建设了"爱上菇"产业园并新建大棚105个，带动100户村民就业，其中包括93户建档立卡贫困户，每户实现年增收1万元以上；户村社区建设了密植梨产业园，江庄社区建设了食用菌产业园。同时，依托产业园区，引导和扶持搬迁人口从事农产品加工、商品经营、餐饮、运输等二、三产业，多渠道为搬迁居民创收增收，实现居民后续自主稳定脱贫。

三是发挥区位优势，重视三产业融合发展。贺祥社区毗邻县经济开发区，交通便利，群众可就近务工增加收入。同时政府以产业园区为依托，充分发挥社区周围万亩桃园的地理优势，大力发展以"桃文化"为主题的旅游观光业，已成功举办两届桃花节，吸引省内外游客2万人次，在增加种植业收入的同时增加服务业收入。十里桃园集农业生态旅游观光、民俗风情于一体，用"真情真景真空气"的绿色生态塑造独特的旅游个性，为城市居民提供了休闲便利场所，也增加了村民的收入来源。

四是创新帮扶机制，实现贫困户多形式增收。第一，对群众进行分类就业培训，拓宽就业渠道。如对青壮年劳动力开展职业技术培训，提高就业技能，增强就业能力；对应届初高中毕业生免费进行劳动预备制培训。政府鼓励企业优先聘用建档立卡贫困户，运用相关政策优惠鼓励村民自主创业，增加村民收入。第二，配套专业物业管理。贺祥社区物业管理服务中心为搬迁群众提供了保洁、治安、水电工等工作岗位40余个，优先雇用贫困户，使更多搬迁群众有事可做，有钱可赚，已有17人实现就业。鼓励各地依托易地扶贫搬迁工程，配套建设门面、摊位、柜台、停车场等营利性物业，并将产权优先量化到易地扶贫搬迁人口，减轻搬迁村民的生活负担。第三，政府积极引入本地龙头企业盘活迁出区耕地，同时建立健全易地扶贫搬迁土地承包经营权流转制度，易地搬迁原有土地承包经营权由村集体统一转包、出租、转让，支持农民利用原有土地等资产入股，取得稳定收益。政府不仅帮助有能力脱贫的人致富，也帮助无能力脱贫的人稳定脱贫。在社区内设立养老院，对无劳动力的老人进行集中供养，支持养老式搬迁。第四，创新"1+n"后续扶贫实施意见，不断完善社区配套产业项目与贫困户的利益联结机制，使之真正成为群众持续增收的平台，发挥脱贫带贫作用。

五、魏县易地扶贫搬迁实践的经验与启示

魏县在易地搬迁的过程中立足当前、着眼长远，正确处理好打赢易地扶贫搬迁硬仗和实施乡村振兴战略的关系，相互衔接、统筹推进，确保按时打赢脱贫攻坚战，为推进乡村振兴奠定了坚实基础。

（一）加强领导推动力量，相关部门配合到位

易地扶贫搬迁工作是一项系统工程，更是一项艰巨的群众工作。政府是易地扶贫搬迁工作的核心，是组织实施的主体。在易地扶贫搬迁过程中，魏县县委、县政府提高自身领导能力，加强调度、督导，现场办公，成立相应的工作专班，加强领导推动力；将工作任务合理分配给不同的专职部门，发挥组织领导作用；同时做好与上级的沟通，为易地搬迁工作提供政策支持以及资金活力；增强督查能力，杜

绝贪污腐败现象的发生，全力推动易地搬迁工作的实施。

各相关部门强化政治意识和使命担当，以"脱皮掉肉"的拼搏精神和必胜决心，攻坚克难、全速推进；树立"一盘棋思想"，科学交叉作业，无缝隙衔接。工作中尽心尽力，互相配合，科学规划、调度作业，确保了易地扶贫搬迁各项工作顺利有序推进。

（二）以人民群众为中心，尊重群众主体地位

易地扶贫搬迁工程是解决"一方水土养不起一方人"的根本举措，是帮助贫困群众斩穷根、挪穷窝的关键举措。在易地扶贫搬迁工作启动前，魏县注重做好入户政策宣传工作，帮助群众理解相关政策，为后期搬迁工作奠定了良好的群众基础。在搬迁工程实施过程中，积极听取群众代表意见，深入基层走访村民，深入了解群众想法与村民实际情况。在新村选址、户型、楼栋设计方面，将村民生产生活习惯纳入考虑范围，增强了村民社会适应及社会融入能力。同时，发挥群众监督职能，提高群众参与监督扶贫领域贪污腐败问题的意识和积极性，有助于整治和解决扶贫政策不到位、扶贫资金使用不合理不规范等问题。在易地搬迁工作结束后，紧抓后续防贫措施，时刻关注村民生产生活情况，及时发现问题解决问题，了解群众难题、解决群众困难，使搬迁群众能够在新区安居乐业。

（三）严格把控工程质量，紧抓工程实施进度

质量是工程建设的核心，在项目实施过程中，牢固树立"质量第一"的观念。魏县坚持规范的招标制度，选择有能力、有责任心的单位负责工程建设。强化对中间验收、变更设计、工程项目实施认可以及项目承诺兑现的管理和控制，规范、科学地把控工程质量。同时，实行对项目全过程的监督，形成"政府监督、社会监理、企业

自检"的质量管理体系，严格把控质量关、安全关、环保关，致力打造精品样板工程。

（四）深入发展特色产业，持续巩固搬迁成果

村民在搬迁完成之后，如何实现可持续发展、防止再度返贫是搬迁工作的重中之重。搬迁是手段，脱贫才是目的。易地扶贫搬迁是否成功，不仅看房子有没有盖起来，贫困户有没有搬进去，更要看钱袋子有没有鼓起来。第一，魏县确保搬迁规划与产业扶贫规划、乡村振兴规划同轨并行，围绕安置点布局扶贫产业，将乡村振兴相关政策向安置点倾斜，做到每个安置点都有产业和就业增收渠道。第二，魏县在帮助易地扶贫搬迁和贫困群众增收的同时，还重视扶贫同扶志、扶智的结合，正确处理外部帮扶和自身努力的关系，加大对搬迁群众发展生产和技能培训支持力度，激发群众脱贫致富的内生动力，提高自我发展能力，摒弃"等靠要"思想，通过政府帮扶和村民自助二者合力，实现易地扶贫搬迁可持续发展，避免了村民因无法就业增收而再度返贫现象的发生。

（五）立足后续保障措施，统筹村民全面发展

实施易地扶贫搬迁，是解决群众受水患困扰问题，改善生活环境，造福子孙后代的大事、好事。搬迁并不只是解决住房问题，而是一个系统工程，医保、就学、卫生、户口迁移需要统筹考虑。魏县加大力度，持续完善安置新区的公共服务设施，推进水、电、路、信、排污、供暖、绿化等配套设施建设，注重保护环境，文明建设，营造环境优美、功能完善、秩序井然的现代宜居新社区，提高了村民搬迁意愿，形成群众高高兴兴搬的良好氛围；同时，统筹规划社区内养老公寓、文化广场、公交车站等公共服务设施，切实解决村民搬迁后的

生产生活问题；还有，抓好"三区同建"，与乡村振兴工程相结合，搞好统筹规划，加快发展扶贫产业，带动群众稳定增收创收，确保群众真正"搬得出""稳得住""能致富"，让群众吃下"定心丸"，提升了群众的幸福感和满意度。

参 考 文 献

1. 习近平:《在全国脱贫攻坚总结表彰大会上的讲话》,人民出版社 2021 年版。

2. 中共中央党史和文献研究院编:《习近平扶贫论述摘编》,中央文献出版社 2018 年版。

3. 《中华人民共和国国民经济和社会发展第十三个五年规划纲要》,人民出版社 2016 年版。

4. 《打好全面建成小康社会决胜之战——习近平总书记同出席全国两会人大代表、政协委员共商国是纪实》,《人民日报》2016 年 3 月 16 日。

5. 《国家发展改革委关于印发〈全国"十三五"易地扶贫搬迁规划〉的通知》,2016 年 10 月 31 日,见 https://www.ndrc.gov.cn/xxgk/zcfb/ghwb/201610/t20161031_962201.html? code＝&state＝123。

6. 《农业部等九部门联合印发〈贫困地区发展特色产业促进精准脱贫指导意见〉》,2016 年 5 月 27 日,见 http://www.gov.cn/xinwen/2016－05/27/content_5077245.htm。

7. 魏县志编辑委员会编:《魏县志》,中州古籍出版社 2010 年版。

8. 傅林:《可持续发展式教育扶贫——国际经验与反思》,《天津师范大学学报(社会科学版)》2019 年第 3 期。

9. 李兴洲:《公平正义——教育扶贫的价值追求》,《教育研究》2017 年第 3 期。

10. 《中共魏县县委办公室魏县人民政府办公室关于在全县开展资助农村贫困学生活动的实施意见》(魏办字〔2017〕41 号)。

11. 《魏县教育局 2017—2018 学年学前教育资助资金实施方案（补）》（魏教字〔2017〕201 号）。

12. 《魏县教育局关于印发〈2018—2019 学年学前教育资金实施方案〉的通知》（魏教字〔2018〕213 号）。

13. 《魏县教育局关于印发〈2018 年春季义务教育阶段补助贫困寄宿生生活费实施方案〉的通知》（魏教字〔2018〕64 号）。

14. 《魏县教育局关于印发〈2018—2019 学年义务教育阶段补助贫困寄宿生生活费实施方案〉的通知》（魏教字〔2018〕214 号）。

15. 《魏县教育局关于切实加强义务教育阶段控辍保学工作的通知》（魏教字〔2018〕240 号）。

16. 魏县教育局：《打好六张控辍牌确保一个不能少——魏县义务教育阶段控辍保学工作汇报》，2019 年 3 月。

17. 《关于进一步加强残障儿童少年随班就读、送教上门工作的通知》（魏教字〔2017〕71 号）。

18. 魏县教育局：《2018 年控辍保学工作总结》。

19. 《魏县教育局教育扶贫工作汇报》，2018 年 11 月 19 日。

20. 《魏县教育局 2017 年秋季建档立卡家庭经济困难学生资助工作实施方案》（魏教字〔2017〕120 号）。

21. 《魏县教育局 2017—2018 学年普通高中国家助学金实施方案》（魏教字〔2017〕176 号）。

22. 魏县教育局：《2019 年中期脱贫攻坚成效自我考评报告》，2019 年 8 月 2 日。

23. 《魏县脱贫攻坚工作汇报》，2019 年 1 月 15 日。

24. 魏县教育局：《魏县 2019 年春季学期"雨露计划"职业教育补助人员汇总表》。

25. 《保定市人民政府办公厅关于转发市扶贫办等部门保定市雨露计划职业教育工作实施办法的通知》，见 http://www.bd.gov.cn/xxgkcontent-888888016-97952-10.html。

26. 《河北省教育厅关于开展 2017 年中央专项彩票公益金教育助学项目的通知》（冀教资助函〔2017〕4 号）。

27. 《河北省教育厅等五部门关于印发〈河北省建档立卡家庭经济困难学生资助管理暂行办法〉的通知》（冀财教〔2017〕2号）。

28. 《魏县人民政府办公室关于印发〈魏县资助贫困大学生实施方案〉的通知》（魏政办字〔2018〕37号）。

29. 魏县教育局：《2017年魏县家庭经济困难大学新生入学资助项目专项检查报告》。

30. 魏县教育局：《2018年魏县家庭经济困难大学新生入学资助项目专项检查报告》。

31. 《中共魏县县委办公室魏县人民政府办公室关于印发〈魏县家庭经济困难大学新生入学救助工作实施意见〉的通知》（魏办字〔2018〕71号）。

32. 《河北省教育厅河北省财政厅中国人民银行石家庄中心支行中国银行业监督管理委员会河北监管局关于引入国家开发银行开展生源地信用助学贷款工作的通知》（冀教资助〔2016〕6号）。

33. 魏县教育局：《国际开发银行生源地信用助学贷款申请指南（2019年版）》。

34. 《魏县教育局关于开展2017年中央专项彩票公益金教育助学项目的通知》（冀教资助函〔2017〕4号）。

35. 王伟：《坚持"六个依托"培育新型农民——河北邯郸魏县教育局以智扶贫助力脱贫攻坚》，见 www.qlgov.org/63/68211.html。

36. 崔小峰、陈静蕾：《魏县留守妇女家门口参加培训》，见 www.weizhounews.hebei.com.cn/system/2016/08/18/011064922.shtml。

37. 魏县教育局：《魏县人力资源和社会保障局支持创业孵化基地开展创业创新工作总结》，2019年6月12日。

38. 《魏县"冬闲"变"冬忙"加快现代农业发展》，见 www.hdbs.cn/p/11467.html。

39. 魏县教育局：《用好"大数据"织密"扶贫网"》，2018年10月21日。

40. 魏县易地扶贫搬迁项目领导小组办公室：《魏县易地扶贫搬迁领导小组办公室2018年资料汇编》。

41. 魏县人民政府办公室：《魏县2018年易地扶贫搬迁实施计划》（魏政办字〔2018〕21号）。

42. 魏县人民政府办公室：《易地扶贫搬迁经验总结》，2019 年 11 月 3 日。

43. 中共魏县县委办公室：《魏县易地扶贫搬迁进村入户政策宣传工作方案》。

44. 《魏县易地扶贫搬迁领导小组办公室关于做好易地扶贫搬迁户建档工作的通知》（魏易迁办文〔2017〕3 号）。

45. 《中共魏县县委办公室、魏县人民政府办公室关于全面加快推进易地扶贫搬迁安置社区基础设施工程建设的紧急通知》。

46. 魏县人民政府办公室：《县长办公会议纪要》（十六届〔2019〕10 号）。

47. 《魏县易地扶贫搬迁领导小组办公室关于规范易地扶贫搬迁工程资金拨付程序的通知》（魏易迁办文〔2019〕1 号）。

48. 《魏县易地扶贫搬迁领导小组办公室关于加强易地扶贫搬迁工程文明施工管理的通知》。

49. 《魏县易地扶贫搬迁领导小组办公室关于转发省发改委〈关于加强易地扶贫搬迁安置社区管理的通知〉的通知》（魏易迁办文〔2018〕19 号）。

50. 魏县人民政府办公室：《魏县野胡拐乡大王村等 2015 年易地扶贫搬迁工程房屋征收与补偿方案》。

51. 《魏县易地扶贫搬迁领导小组办公室关于严格执行易地扶贫搬迁安置社区"交钥匙"验收标准的通知》。

52. 《中共魏县县委办公室、魏县人民政府办公室关于印发〈魏县易地扶贫搬迁领域腐败和作风问题专项治理实施方案〉的通知》（魏办字〔2018〕7 号）。

53. 《魏县易地扶贫搬迁领导小组办公室关于赴石家庄天源冷暖技术有限公司考察空气能采暖情况报告》（魏易迁办文〔2018〕1 号）。

后　记

　　脱贫攻坚是实现我们党第一个百年奋斗目标的标志性指标，是全面建成小康社会必须完成的硬任务。党的十八大以来，以习近平同志为核心的党中央把脱贫攻坚纳入"五位一体"总体布局和"四个全面"战略布局，摆到治国理政的突出位置，采取一系列具有原创性、独特性的重大举措，组织实施了人类历史上规模空前、力度最大、惠及人口最多的脱贫攻坚战。经过8年持续奋斗，现行标准下9899万农村贫困人口全部脱贫，832个贫困县全部摘帽，12.8万个贫困村全部出列，区域性整体贫困得到解决，完成了消除绝对贫困的艰巨任务，脱贫攻坚目标任务如期完成，困扰中华民族几千年的绝对贫困问题得到历史性解决，取得了令全世界刮目相看的重大胜利。

　　根据国务院扶贫办的安排，全国扶贫宣传教育中心从中西部22个省（区、市）和新疆生产建设兵团中选择河北省魏县、山西省岢岚县、内蒙古自治区科尔沁左翼后旗、吉林省镇赉县、黑龙江省望奎县、安徽省泗县、江西省石城县、河南省光山县、湖北省丹江口市、湖南省宜章县、广西壮族自治区百色市田阳区、海南省保亭县、重庆市石柱县、四川省仪陇县、四川省丹巴县、贵州省赤水市、贵州省黔西县、云南省西盟佤族自治县、云南省双江拉祜族佤族布朗族傣族自治县、西藏自治区朗县、陕西省镇安县、甘肃省成县、甘肃省平凉市崆峒区、青海省西宁市湟中区、青海省互助土族自治县、宁夏回族自治区隆德县、新疆维吾尔自治区尼勒克县、新疆维吾尔自治区泽普县、新疆生产建设兵团图木舒克市等 29 个县（市、区、旗），组织中国农业大学、华中科技大学、华中师范大学等高校开展贫困县脱贫摘帽研究，旨在深入总结习近平总书记关于扶贫工作的重要论述在贫困县的实践创新，全面评估脱贫攻坚对县域发展与县域治理产生的综合效应，为巩固拓展脱贫攻坚成果同乡村振兴有效衔接提供决策参考，具有重大的理论和实践意义。

脱贫摘帽不是终点，而是新生活、新奋斗的起点。脱贫攻坚目标任务完成后，"三农"工作重心实现向全面推进乡村振兴的历史性转移。我们要高举习近平新时代中国特色社会主义思想伟大旗帜，紧密团结在以习近平同志为核心的党中央周围，开拓创新，奋发进取，真抓实干，巩固拓展脱贫攻坚成果，全面推进乡村振兴，以优异成绩迎接党的二十大胜利召开。

由于时间仓促，加之编写水平有限，本书难免有不少疏漏之处，敬请广大读者批评指正！

本书编写组

责任编辑：许运娜
封面设计：姚　菲
版式设计：王欢欢
责任校对：魏焕威

图书在版编目（CIP）数据

魏县：未雨绸缪防贫路径／全国扶贫宣传教育中心 组织编写. —北京：
　人民出版社,2022.10
　（新时代中国县域脱贫攻坚案例研究丛书）
　ISBN 978－7－01－025202－5

Ⅰ.①魏…　Ⅱ.①全…　Ⅲ.①扶贫-工作经验-魏县　Ⅳ.①F127.224

中国版本图书馆 CIP 数据核字（2022）第 196246 号

魏县:未雨绸缪防贫路径
WEIXIAN WEIYUCHOUMOU FANGPIN LUJING

全国扶贫宣传教育中心　组织编写

人民出版社 出版发行
（100706　北京市东城区隆福寺街 99 号）

北京盛通印刷股份有限公司印刷　新华书店经销

2022 年 10 月第 1 版　2022 年 10 月北京第 1 次印刷
开本:787 毫米×1092 毫米 1/16　印张:10.25
字数:146 千字

ISBN 978－7－01－025202－5　定价:32.00 元

邮购地址 100706　北京市东城区隆福寺街 99 号
人民东方图书销售中心　电话（010)65250042　65289539